时机

用更少的投资赚更多的钱

杨帆——著

北京日报出版社

·北京·

图书在版编目（CIP）数据

时机：用更少的投资赚更多的钱 / 杨帆著 .

北京：北京日报出版社 , 2025. 4. -- ISBN 978-7
-5477-5110-7

Ⅰ . F830.59

中国国家版本馆 CIP 数据核字第 2024813GF4 号

时机：用更少的投资赚更多的钱

出版发行：北京日报出版社

地　　址：北京市东城区东单三条 8- 16 号东方广场东配楼四层

邮　　编：100005

电　　话：发行部：　（010）65255876

　　　　　总编室：　（010）65252135

印　　刷：运河（唐山）印务有限公司

经　　销：各地新华书店

版　　次：2025 年 4 月第 1 版

　　　　　2025 年 4 月第 1 次印刷

开　　本：787 毫米 ×1092 毫米　　　1/ 16

印　　张：12

字　　数：155 千字

定　　价：49.80 元

历史总是惊人地相似，经济的起伏宛如潮汐规律性地展现着其周期性魅力，往往每隔十年，世界经济便迎来一次深刻的变革与挑战。2019 年，全球经济似乎步入了一个关键的转折点，购房热潮不再，奢侈品市场降温，投资者纷纷收紧钱袋，转而寻求安全与稳定，提前还贷成为普遍现象。然而，正如自然界中春去秋来、花开花谢，经济的衰退往往孕育着下一次蓬勃的繁荣。站在又一个十年的门槛上，我们更应该未雨绸缪，以智慧之眼洞察未来。

在这样的时代背景下，价值投资理念如同一盏明灯，照亮了通往财富增长的蜿蜒小径。它不仅是穿越经济迷雾的指南针，更是实现资产保值、增值的坚实基石。记住，机遇与财富往往青睐那些敢于在逆境中布局、勇于探索未知的少数派。因为他们懂得，历史总是以不同的面貌重复着相似的规律，而成功的关键，就在于能否准确捕捉并把握住这些稍纵即逝的时机。

《时机：如何用更少的投资赚更多的钱》一书，正是基于这样的深刻洞察与市场需求，应运而生。这本书不仅深刻剖析了价值投资的核心理念，紧跟时代步伐，揭示了最新的投资趋势，更通过丰富翔实的现实案例，为读者搭建起一座从理论到实践的桥梁。本书完整地叙述了一套价值投资体系，从基础而关键的基本面分析，到精妙绝伦的估值艺术，再到严谨的风险管理策略，每一个环节都经过精心打磨，力求让读者在轻松愉快的阅读中，逐步领悟价值投资的真谛。

尤为值得一提的是，本书还站在未来 10 年的高度，以前瞻性的视角审视市场趋势，提出了一系列既具针对性又具前瞻性的投资策略与建议。这些策略不仅能够帮助读者在当前复杂多变的市场环境中稳步前行，更为大家未来的投资布局提供了宝贵的参考与指导。

《时机：如何用更少的投资赚更多的钱》不仅是我们投资路上的得力助手，更是我们通往财富自由之路上的良师益友。让我们携手同行，在这波澜壮阔的投资海洋中，乘风破浪，扬帆远航，共同迎接即将到来的下一个财富风口。

第三章　投资趋势：未来十年，投什么我们才能赚大钱

第四章　周期概率：掌握周期真相，才能抓住高获利良机

第七章 副业变现：投资业余时间，实现多元化高额收入

第八章 风险硬控：投资无法步步准确，但要尽力避免出错

第一章

投资大白话：

什么样的人容易成为『韭菜』

野心太大，把投资当投机的人

大多数人难以做到真正的投资，即便具备一定的投资意识，在实际操作中往往也会不自觉地滑入"投机"的误区。其内在动因多为本金较少，却希望在极短的时间里攫取最丰厚的利润，实现财富爆炸式增长。

这类投资者往往欠缺对市场波动性的深刻认知，他们不仅易受市场短期波动的影响，而且常因对市场趋势的误判而忽视潜在的风险。这种思维惯性与行为模式，使他们极易成为市场博弈中的"韭菜"，任"市场"宰割。

◆ **投资研习录** 久久庄园的梦想与破碎

北部某边境城市，有一片未被充分开发的土地，被当地人称为"种畜场"。这里自然风光优美，交通即将迎来重大改善，预期将成为城市发展的新热点。当地企业家刘树起认为，这块土地拥有巨大的投资潜力，决定将其作为实现自己地产帝国梦想的第一步。

刘树起的本业并不是房地产，但他对"种畜场"的未来充满信心，认为在城市边缘通过快速开发高端别墅区和商业综合体，能够在短时间内获取巨额利润。他忽视了详细市场调研、风险评估及长期规划的重要性，仅凭一腔热血和对市场的乐观预期，迅速筹集资金，启动了项目。

为了快速扩大规模，刘树起采取了高杠杆策略，大量借贷，导致项目成本急剧上升，资金链紧绷。

同时，在尚未完成首期建设的情况下，刘树起就急于推出后续项目，希望以规模效应吸引投资者和购房者，却忽视了项目的实际销售能力和市场需求的匹配程度。

另外，为了节省成本和时间，刘树起在项目设计和建造上多有妥协，牺牲了居住体验和商业价值，导致口碑不佳。

随着市场环境的突变——城市发展规划调整、经济增速放缓、购房政策收紧等一系列因素叠加，别墅项目的销售远低于预期。高额的贷款利息和运营成本压得刘树起喘不过气来，资金链最终断裂。项目不得不大幅降价促销，部分资产甚至被银行强制拍卖，以偿还债务。

◆ 投资避险指南 如何避免成为欲念的俘虏

投资与投机，这两者之间的微妙差异，实则深藏于个人的心性之中。我们需要不断磨砺自己，培养处事不惊、盈亏泰然的心态。面对机遇，我们要有敏锐的洞察力，毫不犹豫地出手；面对盈利，我们要学会适可而止，不因贪欲而迷失方向；面对亏损，我们要坚韧不拔，不因挫折而崩溃。同时，我们必须构建自己独立的分析框架，不轻信流言蜚语，不冒失武断。

1. 树立稳健的投资理念

投资是一个长期运筹帷幄的过程，而非短期的博弈游戏。投资者要摒弃将投资等同于投机的心理误区，调整心态，将市场的短期波动视为常态，不过度焦虑或兴奋。投资的真正目标，在于实现资产的长期稳定增值，而非追求短期的快速收益。

2. 耐心等待合适的时机

对于那些追求速成的人来说，等待可能是最艰难的考验。但从长期来看，时机总是在一波三折之后才会悄然出现。因此，投资者要学会保持冷静，耐心等待投资市场调整。当市场形势悲观时，往往会出现被低估的投资机会；而当市场过热时，则应保持警惕，避免盲目跟进。

3. 持续学习，不断提升自我

投资是一个不断实践、不断学习的过程。投资者要保持对市场动态的高度敏感度，密切关注宏观经济、政策变化、行业动态等信息。只有这样，才能不断提升自己的投资能力和风险识别能力，在投资这条路上行走得更稳健、更长远。

定位不清，认为自己可以成为巴菲特的人

沃伦·巴菲特作为投资界的传奇人物，其成功源于多年专业知识的积累、卓越的商业洞察力，以及深刻的风险管理能力。巴菲特不仅是一位投资者，更是一位企业家，他对企业运作的理解以及对行业趋势的把握远超常人。他的成功并不仅仅是因为他采用了所谓的"价值投资"策略，更是因为他在长期的积累中形成了独特的投资视角，也坚守着自己的原则。

那些盲目模仿巴菲特的人，常常忽视了他成功背后的复杂性。他们只看到巴菲特在市场上取得的巨大财富，却没有看到他背后数十年的深耕细作和对于市场波动的冷静应对。这些人常常陷入这样一个误区：模仿巴菲特的投资策略，就等同于获得成功。

◆ **投资研习录** 又一位"巴菲特"倒下去了

程广斌是一位满怀激情初涉股市的年轻探索者，内心深处对沃伦·巴菲特的投资传奇充满无尽的敬仰与向往。

为了深刻领悟巴菲特的投资智慧，程广斌如饥似渴地沉浸在巴菲特传记、投资策略分析以及经典投资案例的研究之中。他精心挑选了几只市盈率看似诱人、似乎被市场低估的股票，心中满是对这些股票的内在价值被发掘后会给自己带来丰厚的报酬的憧憬。他深信，通过复制巴菲特的投资策略，他也能在股市的海洋中乘风破浪，收获属于自己的辉煌。

然而，正如许多初出茅庐的投资者所经历的那样，程广斌在追求梦想的道路上遭遇了未曾预料的挑战。他忽视了巴菲特投资哲学中至关重要的一环——深度研究与耐心等待。他未能像巴菲特那样，深入剖析企业的核心竞争力、行业趋势以及长期发展前景，也未能练就对市场动态敏锐的洞察力。当市场风云变幻，股价出现短期波动时，程广斌内心的焦虑与不安迅速蔓延，信心开始动摇。

面对股价的起起伏伏，程广斌发现自己难以坚守初衷，那份对股票上涨的坚定信念在市场的洗礼下显得如此脆弱。最终，在恐惧与不安的驱使下，他做出了草率的决定——在股票尚处于低迷之际匆匆抛售，结果自然是以亏损告终。这无疑是给程广斌上了一堂生动的投资课，让他深刻体会到了"知其然，更需知其所以然"的重要性。

◆ **投资避险指南** **先把自己当成一个普通人**

程广斌的经历是众多试图直接复制巴菲特成功模式的投资者共同经历的缩影。它告诉我们，投资并非简单的策略模仿，而需要建立在深厚的专业知识、敏锐的市场洞察力和坚定的信念之上。模仿巴菲特，并不意味着盲目跟随其投资行为，而是要深刻领悟其背后的投资哲学，结合自身的实际情况，形成适合自己的投资体系。只有这样，才能在股市的风云变幻中稳健前行，最终实现财富的稳健增长。

1. 了解自己的能力边界

巴菲特的投资哲学之一就是"永远不要投资那些你不了解的业务"。这句话对普通投资者同样适用。每个人都有自己的知识边界，超出这个边界的投资行为无异于赌博。投资者需要明确自己的优势领域和弱点，避免盲目跟风，进入自己不熟悉的领域。

2. 保持理性，不迷信"神话"

巴菲特成功的背后是几十年专业知识的积累，也源于他敏锐的市场洞察力，普通投资者很难在短期内复制他这样的成就。过度迷信所谓的"投资神话"会让人忽略市场的波动性和风险。与其试图复制别人的成功，不如培养自己独立思考的能力。

市场中充满不确定性，特别是在短期内，价格波动往往是正常的。那些希望快速致富的人，往往被市场的短期波动所影响，做出错误的判断。保持理性，避免过度自信，才能在长期的市场中立于不败之地。

3. 认清自己现在就是个普通人

认清自己现在就是个普通人这一现实，或许会让我们自尊心受到些许打击，但是总比投资失败以后自己一无所有要好。

当我们认识到，自身的能力与天赋目前还处于底层位置时，便能在投资决策中避免盲目追求那些所谓的"捷径"。对于初涉投资领域的人来说，我们应当选择一种看似回报不高，但却具备稳健可靠特质的投资产品。

作为普通人，我们应有普通人的清醒认知，并采取适合普通人的投资策略。试图自作聪明或故作聪明，只会在现实中碰壁，最终导致损失惨重的结果。

从不学习金融知识，跟风投资的人

药材价格上涨，听别人说做药材生意赚钱，有人就一窝蜂地投资药材。同样，猪肉价格上涨，听别人说养猪赚了钱，有些人又大张旗鼓地搞起了养殖业。结果，供过于求，价格大跌，那些跟风投资的人，不把自己多年的积蓄赔进去就算不错了。

在这个信息爆炸、日新月异的时代，投资市场每天都充斥着大量的"致富捷径""稳赚不赔"的投资机会。在社交媒体、短视频平台甚至理财论坛上，各种各样的"财富秘籍"一度吸引了无数渴望暴富的普通投资者。很多人在这样铺天盖地的信息轰炸下，放弃了理性思考，开始追逐热点，最终掉进投资陷阱。

◆ 投资研习录 投资加盟富了谁

刘卫峰长期在企业中担任中层管理职务，积累了一定积蓄和职场经验。随着互联网的兴起和"轻资产创业"理念的普及，刘卫峰决定跳出舒适圈，寻找投资机会。

不久之前，听人说加盟某茶饮店很赚钱，"零风险、高回报"，刘卫峰的心中开始蠢蠢欲动。品牌加盟商华丽的宣传册、成功案例分享以及看似专业的市场分析，成功吸引了他的注意。

事实上，刘卫峰对餐饮行业的了解仅限于消费者层面，对于加盟品牌的真实运营状况、市场竞争环境、成本控制等核心信息知之甚少。

然而，品牌加盟商精心包装的成功案例，让刘卫峰误以为只要加盟就能轻松复制成功，忽视了背后的努力和风险。

面对快速致富的诱惑，刘卫峰未能保持冷静，没有进行充分的市场调研和风险评估，便匆匆决定投资。

在签订加盟合同后，刘卫峰不仅支付了昂贵的加盟费，还按照品牌加盟商的要求进行了店面装修、设备购置、原材料采购等一系列投资，资金被迅速消耗。

结果，由于选址不当、产品定位模糊、越来越多的人加盟导致市场份额不断缩水等原因，店铺开业后并未达到预期的经营效果。加之高昂的运营成本，刘卫峰很快陷入亏损。

两年下来，品牌加盟商在全国各地收割得盆满钵满，类似刘卫峰这样的加盟者，却拿自己的辛苦钱给他人作了嫁衣裳。

◆ 投资避险指南 **如何抵御投资市场的诱惑**

那些从不学习金融知识、仅凭道听途说来做出投资决策的人，往往是最容易被市场收割的"韭菜"。投资不是一场游戏，成功的投资需要长期的学习和积累。只有掌握基本的金融知识，制订理性的投资策略，避免情绪化操作，投资者才能在金融市场中稳步前行，避免成为盲从跟风的受害者。

1. 投资的基础：学习金融知识

金融市场复杂多变，任何轻率的行为都会带来不可预料的风险。投资者需要学习一定的金融知识，理解投资市场运行的基本原理，知道什么是风险，什么是机会，什么是市场波动的正常现象，才能淡定自若、布局得当，在波动的投资市场中站稳脚跟。

2. 避免过度依赖他人建议

依赖性会让投资者失去独立思考的能力。投资市场中，没有人能够百分百预测未来走势，任何投资决策都应该基于充分的个人研究和分析，跟风投资往往会让投资者陷入别人精心布置的收割局中。所以说，独立判断是投资成功的关键之一。一个合格的投资者应当学会质疑，面对任何投资建议都保持一定的怀疑态度。通过不断学习和实践，逐步建立起自己对市场的理解和判断，这样才不会被市场牵着鼻子走。

3. 深入剖析投资标的

想要真正从投资中获取丰厚的利润，投资者必须对投资对象进行全面而深入的了解，应重点关注投资行业未来的发展、市场趋势等软性环境。简而言之，我们应避免投资那些自己并不了解或不熟悉的领域。

4. 增强风险意识

投资者应提升自己的投资风险意识和辨识能力，面对高回报的投资机会，要进行全面的了解。在面对高回报的承诺时，应保持怀疑，理性思考，切勿轻信那些不切实际的承诺。在做出决策之前，应该深入了解投资产品的风险和回报，并根据自己的财务状况和风险承受能力进行评估，切勿做出超出自己承受能力范围的投资决策。

没受过投资伤害且有赌徒心态的人

没被毒蛇咬过，就不知道蛇毒的厉害。有些人没有在投资市场经历过真正的资金损失，便容易忽略风险管理的重要性。这类人往往抱有"赌徒心态"，将投资当成一场赌博，期待通过一次押注获得丰厚的回报，而不是通过长期积累实现财富增长。对投资而言，这种心态相当危险！

秉持赌徒心态的投资者，往往将全部身家倾注于单一项目之上，幻想以此实现回报的最大化。他们忽视了分散投资的重要性，误以为集中资金才能创造"一夜暴富"的神话。殊不知，单一投资的航道布满暗礁，市场的一丝涟漪都可能让这艘满载希望的航船倾覆于波涛之中。

此外，他们还难以抵挡时间的诱惑，急于求成，追逐那些号称"万无一失"的短期投机泡沫。在他们眼中，快速进出是通往财富自由的捷径，与此同时，他们忽略了频繁交易背后高昂的成本以及市场波动带来的致命陷阱。最终，在市场的狂风骤雨中，他们恍然大悟，自己已在不知不觉间，将宝贵的资本拱手让人。

更令人忧虑的是，这种赌徒心态往往伴随着过度的自信，这些投资者感觉自己仿佛能够洞察市场的每一个细微波动，精准把握未来的脉搏。这份盲目的自信，如同遮住双眼的眼罩，让他们忽视了市场的混沌与不确定性，低估了风险的力量。他们沉醉于"一次押对，改写命运"的幻想之中，却未曾意识到，一旦失手，命运也会被彻底改变。

◆ 投资研习录 虚拟货币市场中的黄粱一梦

孙超是一位初涉投资领域的年轻人，经过数年的辛勤工作，他终于积攒了一笔不小的积蓄。一日，他听闻某种虚拟货币价值在短时间内飙升数倍，心中便涌起一股"搏一搏，单车变摩托"的冲动，他决定将自己所有积蓄都投入其中。然而，他并未对这类高风险投资产品进行深入思考，而是每天幻想资金翻倍后的美好日子。

孙超最初只是通过社交媒体上的碎片化信息了解到虚拟货币市场的火爆。他未能系统地研究市场动态、法律政策风险、交易平台风险等关键信息，仅凭直线上涨的价值就做出了投资决策。

在决定投资前，孙超没有充分认识到虚拟货币投资的高风险性。他既未了解虚拟货币投资历史价格波动的情况，也未计算自己能够承受的最大损失范围，更未设置止损点来控制潜在风险。

面对快速增值的诱惑，孙超未经深思熟虑，便将自己多年的积蓄一次性全部投入，没有采用分批建仓等稳健的投资策略。

起初的几天，孙超的投资确实带来了丰厚的回报，虚拟货币的价格持续上涨，他账户的余额也随之翻了几番。这使他更加坚信自己"快速致富"的操作手法是正确的，甚至考虑通过借款来增加投资额度。然而，市场风云变幻，虚拟货币价格突然急剧下跌，孙超在恐慌中被迫低位抛售，结果不仅失去了之前的利润，甚至连自己的本金也一并损失殆尽。

这一刻，孙超深感投资市场的残酷与无情，他意识到，仅仅凭借运气是无法在这个领域取得成功的。

◆ 投资避险指南 如何避免成为投资市场的赌徒

在"投机心态"里，"赌徒心理"堪称一种极端的心理状态。尤为令人担忧的是，不论是盈利还是亏损，"投资界的赌徒"都会深陷其中，无法自拔，他们会不顾一切地持续投入，甚至不惜倾其所有，只为求得一次翻盘的机会。这种近乎疯狂的投资行为，其成功的概率之低，不言而喻。

1. 认识到风险管理的重要性

投资不是赌博，而是一种理性的财富管理行为。投资者必须了解市场的波动性和风险，认识到任何投资都有可能带来亏损，因此在投资过程中必须加强风险管理，包括设置合理的止损点、分散投资以降低风险等。

2. 分散投资，降低风险

"不要把所有鸡蛋放在一个篮子里"是投资领域的重要原则。分散投资可以有效降低风险，避免因单一投资品种的波动而导致巨大损失。对于有赌徒心态的投资者来说，学习如何合理配置资产，将资产分散到不同的投资品种中，是减少损失的重要一步。

3. 学会控制情绪，避免冲动决策

投资者需要学会在市场波动中保持冷静，避免情绪化操作。市场的涨跌是正常现象，投资者应当基于理性的分析做出决策，而不能因为市场的短期波动而冲动买卖。情绪化决策往往会导致更大的损失。

4. 通过实践提升风险管理能力

许多投资者在进入市场时没有经历过真正的资金损失，因此对风险的理解比较浅显。为了提升风险管理能力，投资者可以从小额投资开始，逐步积累经验，学会如何应对市场波动。经历过小额亏损后，投资者会对市场中的不确定性有更深刻的理解，从而在未来的投资中更加谨慎。

缺乏判断力，容易相信宣传的人

投资市场的本质特性，决定了没有哪个项目能够真正做到"稳赚不赔"。因为市场风险无处不在，无论是经济周期波动、政策法规变化、市场需求异动，还是投资标的管理不善，都可能使投资回报率大幅偏离预期，甚至蒙受损失。

在这样的市场环境中，任何声称"超低风险＋超高回报"的投资项目，从经济学和金融学的角度出发，都是违背基本投资原理的。高回报往往伴随着高风险，二者成正相关关系，这是投资行为的基本法则。若某个项目声称能提供异常优厚的回报，同时又保证极低的风险，这要么意味着该项目并未如实披露全部信息，存在隐瞒重大风险因素的可能性；要么是在试图吸引投资者时过度美化产品或存在虚假宣传。

过度美化、虚假宣传的投资项目，常常利用人性对财富的渴望和对未知的恐惧心理，编织出一个个看似诱人实则危险的陷阱，这个陷阱对于投资者而言，无疑是一场"炼狱"经历。

◆ 投资研习录 偏听偏信，折戟沉沙云平台

随着"互联网＋概念"的兴起，小中产者杜光磊被一系列鼓吹"颠覆传统、改变未来"的项目深深吸引。其中，一个名为"智慧生活云平台"的项目尤为引人注目。该项目宣称集智能家居、健康管理、社区服务等多项功能于一体，未来将彻底改变人们的生活方式，并承诺投资者能在短时间内获得高额回报。宣传材料中，精美的PPT、行业大咖的站台推荐，以及一系列看似真实可信的市场调研报告，让杜光磊深信不疑。

在缺乏深入的市场调研、财务分析及风险评估的情况下，杜光磊被项目的美好愿景冲昏了头脑，几乎将所有积蓄投入这个看似完美的项目中。他忽视了项目背后的实际运营难度、技术瓶颈、市场竞争激烈程度以及资金链断裂的风险。更重要的是，他没意识到宣传材料中的许多数据存在夸大甚至虚构的嫌疑。

随着时间的推移，项目进展远未达到预期。资金链的紧张导致研发团队频繁变动，产品质量难以保证；市场推广费用高昂，但效果甚微；更糟糕的是，竞争对手迅速崛起，以更加成熟的产品和更高效的营销策略占据了市场先机。家产几乎耗尽的杜光磊这才如梦初醒，发现自己已深陷泥潭。

◆ 投资避险指南 如何识别并躲开虚假宣传陷阱

我们或许熟知保健品项目的虚假宣传，也曾在街头遇见声称能

根治各种疾病的"神医"推销，这些骗术虽然看似狡猾，但只要提高警惕，识别起来并不算难。然而，有一些针对高端投资群体的诓骗手法，却可能更具隐蔽性和欺骗性，让你防不胜防。

1. 信誉的光环，未必是真金白银

在金融行业，信誉如同金字招牌，但也别忘了，有些招牌可能是"镀金"的假货。一些机构为了营造"高大上"的形象，会在办公室挂满各式各样的荣誉证书和牌匾，其中不乏自称高信用等级的牌子。然而，这些牌子很可能只是他们花钱从一家不起眼的评估公司买来的，根本不具备全国公认的权威性。所以，别被这些表面的光鲜迷惑，投资前需对其真正的信誉进行深入调查和核实。

2. 操控市场，让你先甜后苦

有些投资公司会抛出年利率高达 20%、30% 甚至更高的诱饵，吸引你开户投资。初期，他们会安排"专业老师"带你操作，让你轻松赚上一笔，感觉赚钱就像捡钱一样容易。但实际上，这些交易软件已经被他们动了手脚，背后的交易行情完全由他们操控。然而，等你尝到甜头，加大投入后，面对真实且不可控的市场波动，你往往就会亏得一塌糊涂。这种先让你尝甜头再狠狠宰一刀的伎俩，实在是让人防不胜防。

3. 高收益的糖衣炮弹

如果有人向你承诺每年能有 30%、40% 甚至更高的投资回报率，那你可得三思而后行了。这样的承诺要么是彻头彻尾的谎言，要么隐藏着巨大的风险陷阱，再不然就是在法律的边缘疯狂试探。记住，投资不是赌博，过高的收益往往伴随着过高的风险或有着不可告人的秘密。面对这样的诱惑，保持清醒的头脑至关重要。

4. 半懂不懂，最易被宰

还有一些投资骗局专门针对那些对艺术品、收藏品等有一定兴趣但又不太了解的投资者。他们通过豪华的包装、专家的夸夸其谈来鼓吹这些物品的收藏潜力和升值空间。然而，一旦你掏出真金白银买下这些所谓的"宝贝"，就会发现自己上当受骗了——要么买到的是赝品，要么买到的是根本不值钱的东西。因此，在涉足这类投资前，请务必确保自己具备足够的专业知识，或者自己能够找到信得过且靠谱的专业人员进行鉴别。如果不懂行，最好还是敬而远之吧！

第二章

投资本质：

要投得好，而不是投『好的』

投资就像谈恋爱，合适的才是最好的

投资与恋爱的共通之处，在于它们都不是一场追逐外在光环的竞赛，而是在寻找与自身最为契合的机会或伴侣。在投资领域，很多新人常易迷失于"市场热点"的旋涡中，渴望搭乘"明星项目"的快车一夜暴富。然而，这种盲目追求往往遮蔽了核心问题：这些光芒四射的项目是否真的能与个人的投资理念、风险承受能力甚至长远规划相匹配？

这就是投资中的"看山是山，看山不是山"。我们常感叹他人投资成功的轻而易举，却忽略了他们成功背后长年累月的研究、耐心与坚持，那是外人难以窥见的风景。

对于投资者来说，构建一套属于自己的投资策略至关重要。正如选择伴侣时，我们依据内心的标准和期待去筛选，投资亦需如此。一个贴合实际、量身打造的投资策略，能够让我们在复杂多变的市场中保持清醒，避免盲目跟风，从而更有可能实现资产的稳健增长，达到心中所希望的投资目标。

◆ 投资研习录 查理·芒格的恋爱式投资法

美国杰出投资家查理·芒格在审视一只股票时，就如同我们审视一位潜在的伴侣，会从多个维度进行全面而深入的考察。首先，他会关注外在的条件，如公司的市场地位、规模大小等，这如同衡量一个人的外貌和气质。

接下来，他会深入探究公司的"品行"，即经营理念、道德标准以及管理层的能力和品质。如果这些方面同样出色，那么这家公司可能是个潜力项目。

此外，芒格还会仔细审视公司的"性格特点"。如果一家公司的风格较为激进，他可能会寻求找到一个能够稳定局面、如同秤砣般平衡的公司。因为激进，无论是在婚姻中还是投资中，都具备一种潜在的隐患。

在完成这些细致的考察后，芒格并不会急于做出决定。他如同水塘中潜伏的鳄鱼，静静地等待合适的时机。他深知，真正的成功需要时间来酝酿，因此他愿意为了心中的目标耐心等待。

那么，芒格是如何进一步评判一家公司是否值得投资的呢？

首先，他会考虑公司经营业务的行业前景——是朝阳行业还是夕阳行业——这直接决定了公司未来的发展空间。

其次，他会仔细分析公司的利润状况。盈利能力是衡量一家公司健康程度的重要指标。

再次，他还会深入探究公司管理层的情况。管理层的素质和能力直接决定了公司的决策水平和未来的发展潜力。

最后，他会综合考虑公司的未来发展前景。这包括市场需求、技术革新等多方面因素。

在全面评估后，芒格会为每一家公司打分并排序。只有得分较高的公司才能进入他的投资视野。

实际上，芒格出手投资的次数并不多。他更愿意把大部分时间花在研究、观察和选择投资对象上。这种谨慎而精准的投资态度使得他在投资领域取得了卓越的成就。

◆ 投资进化指南 像选伴侣一样去做投资

在投资领域，流传着无数关于实现财富暴增的传奇故事。每当一个神话诞生，众人便竞相效仿，渴望复制那份传奇的辉煌，却鲜少深入探究成功背后所隐藏的问题。许多人盲目地认为自己能够复制他人的传奇人生或投资策略，然而，事实上却并非如此简单。做任何事情都需要以身入局，反复尝试与试错，这样才能帮助我们逐渐领悟并找到属于自己的"真爱"，即那个最适合自己的方法。

1.恋爱与投资，皆需明晰"合适为要"

在投资领域里，首要之务是将个人的投资目标与投资策略相匹配。每个人的投资目标各异：有人着眼于未来的教育、养老规划，致力于积累财富；有人则追求短期内的资本增值，以提升生活质量。这些不同的目标必然要求不同的投资路径，盲目追求高回报而忽视自身投资目标的行为，往往会使人偏离正轨。

举例来说，那些旨在为子女教育积累资金的投资者，或许更应倾向于选择那些相对稳健且长期回报可观的投资产品，如债券、教育基金等，而非短期内风险较高的投资项目，如高风险的创业投资或高杠杆的房地产投资。

2. 恋爱与投资，皆需坚韧不拔的耐力

在爱情与婚姻的长跑中，人们寻求的是长久的伴侣关系，这需要无尽的耐心与对未来清晰的规划。同样，在投资领域里，长期投资相较于短期投资更有可能带来稳定的收益。在寻找爱情的过程中，人们寻求的是能够共同成长、相互增值的伴侣。而在投资的世界里，价值投资便是一种寻找那些当前价格低于其内在价值的投资策略，投资者期待在时间的发酵下获得丰厚的回报。

无论是爱情还是投资，面对挑战时都需要我们保持耐心与坚持。在投资的过程中，我们应学会等待，等待投资时机和价值的实现，而非轻举妄动。

3. 恋爱和投资，皆需适应周期的变化

市场，那个瞬息万变的世界，其唯一不变的法则便是变化本身。这种变化呈现出鲜明的"周期属性"，遵循着涨跌交替、波动上行的规律。在经济整体稳健发展的背景下，市场和爱情一样，虽起伏不定，但始终蕴含着上涨的动能。

恋爱关系如同一朵需要精心呵护的花朵，持续地投入与培育才

能保持其健康与活力；投资与投资者则像是航行在波涛汹涌的海洋中的一艘船，需要定期审视与调整，以应对风云变幻的市场环境和不断更新的个人目标。在这两者中，适应变化是维系关系、实现目标的关键。

4.恋爱和投资，皆需因势利导的风险管理

恋爱并非一蹴而就的童话，它需要我们在感情的道路上反复尝试、磨合，最终才能找到那个与自己心灵相通的人；投资同样不是一夜暴富的梦想，它需要我们在市场的波动中冷静分析、理性判断，才能收获稳定的收益。从这点来看，恋爱与投资都是风险与机会并存的。

在选择伴侣时，我们会仔细权衡各种风险因素，如性格的契合度、价值观和生活目标的相似性；同样，在投资时，我们也需要全面评估财务风险、市场波动和公司业绩等关键因素。

虽然恋爱与投资看似在表面上截然不同，但它们在处理决策、管理风险和进行长期规划时，却遵循着相似的原则。深入理解这些原则，将有助于我们在生活的不同领域做出更加明智的选择。

在投资领域，直觉到底靠不靠谱

直觉，常常是灵光乍现的智慧火花。

直觉在投资初期常常扮演着重要角色，尤其是在选择项目和判断市场趋势时。比如，你可能走在大街上，忽然觉得附近缺少一家有特色的咖啡馆，或者你注意到大家对健康饮食越来越感兴趣，觉得开个健康餐馆可能是个不错的主意。这些想法的出现，往往就是直觉在起作用。

尽管直觉在一些情况下能够带来灵感，但并不意味着所有直觉都是对的。投资尤其如此，过于依赖直觉而忽略市场调查和数据分析，可能让投资者陷入困境。

◆ **投资研习录** **直觉，一半是天才，一半是赌徒**

秦浩某次漫步于熙熙攘攘的商业街区，不经意间洞察到这片繁华之地竟缺失了价格亲民且注重健康的餐饮选择。这份敏锐的直觉，如同一道灵光，在他脑海中闪亮起来。不过，秦浩并没有急于求成，而是沉下心来，深入调研周边办公人群的饮食需求。他发现，他们对健康饮食的渴望与现有选择的匮乏之间形成了鲜明对比。基于此，秦浩审慎决策，决定倾注心血投资一家健康简餐店。

两个月后，这家承载着秦浩莫大期冀的简餐店顺利开业。在精准选址的同时又搭配贴合顾客需求的菜品，迅速赢得了市场的青睐，生意日渐兴隆。

然而，并非每个人都能如秦浩这般幸运地捕捉到成功的契机。

秦浩的同学张岚，在一线城市目睹了茶饮店的火爆景象，心中不禁涌起一股冲动：如果能将这股茶饮热潮带回家乡县城，定能收获满满。

说干就干，张岚雷厉风行，迅速与某品牌加盟商达成合作，并在县城租下店铺，满怀信心地做起了茶饮投资。

然而，张岚忽略了县城与一线城市在消费能力与时尚偏好上的显著差异，导致茶饮店开业后门庭冷落，运营成本却一直居高不下，最终只能无奈关门，留下一场亏空。

◆ 投资进化指南 如何让直觉成为一种可靠的判断

直觉，时常能为我们带来创新的灵感。然而，直觉不是万能的。当直觉告诉你"这个机会值得一搏"时，切莫让冲动立即占据上风，应当静下心来，运用理智的刀刃去剖析，用数据的盾牌来支撑，以确认这一机会是否真正为你量身定制。如此，直觉方能在投资决策中成为我们值得信赖的智囊。

1. 什么时候可以相信直觉

当你在某一领域积累了丰富的经验，直觉便如同老友一般，越发显得可靠。想象你经营一家咖啡馆多年，亲眼见证了无数品牌的崛起与衰落，那么对于顾客的口味变迁、市场的微妙波动，你将拥有更加敏锐的洞察力。

2. 直觉要与数据相结合

直觉犹如猎豹般迅猛，能迅速捕捉到市场上的猎物，但理性的分析则是确保猎物真实存在的必要步骤。以秦浩的健康简餐店为例，他的直觉捕捉到了市场的需求，但通过深入的市场调研，他进一步验证了自己的想法，为餐馆的成功投资奠定基础。所以说，我们可以让直觉成为向导，但务必用数据和市场调查作为坚实的支撑。

3. 警惕情绪的干扰

直觉常常受到情绪影响。尤其是当周围的人都在热议某个创业项目时，你可能会被"别人都做，我也该试试"的情绪所驱使。这种情绪化的冲动往往难以信赖。比如，张岚看到别人开茶饮店赚得盆满钵满，便跟风效仿，却未考虑到区域差异、消费差异等关键问题，最终导致亏损。

4. 寻求外界意见

有时，外界的意见能够成为检验直觉准确性的试金石。做投资，应该多与行业内的前辈或顾问交流，汲取他们的智慧与经验。他们可能会为你提供全新的视角，帮助你识别直觉中潜在的风险，从而更加明智地做出决策。

一定要明白市场的有效性及局限性

市场的有效性，简单来说就是市场能够快速反映出所有相关信息。

虽然市场能够迅速反映出公开的信息，但这些信息并不总是完美的。投资市场中存在信息不对称、情绪化反应以及外部环境突然变化的情况，这些都会干扰投资产品的升值。

这意味着，一旦某个消息、趋势或者政策变化被公开，市场会立刻对此做出反应，价格或成本随之调整。例如，假设你听说某个城市的新兴商业区即将得到政府的大力扶持，想趁着价格还低时购买一间店铺作为投资。当你知道时，其他投资人也已经知道，那么商铺的价格很可能已经涨上去了，你再入手的成本就会很高，投资回报也可能会大打折扣。

在办小微工厂创业、开店等生活化投资中，市场的有效性和局限性表现得尤为明显。无论是你想进入某个热门行业，还是想抓住某个新兴领域的机会，通常这种机会被广泛关注时，市场价格就已经反映了这些信息。你可能认为自己找到了"好机会"，但实际上市场已经在用高价格把风险转移给你。

◆ 投资研习录 绕过"红海"更容易另辟蹊径

咖啡刚刚"屈身"于大众市场时，邵明明就有了一个温馨的梦想——在繁华都市的一隅，开设一家充满个性与情调的咖啡店，为忙碌的都市人提供一个休憩与交流的空间。她敏锐地观察到，随着城市人口的不断涌入与消费观念的升级，咖啡文化如同一股清新的风，悄然在城市中蔓延开来，尤其是年轻一代对咖啡品质与体验的追求日益增强，这让她看到了潜在的商机。

然而，邵明明并未急于行动，而是深入市场进行了详尽的调研。她发现，尽管商圈内的咖啡馆市场需求持续增长，显示出诱人的市场前景，但市场也同时展现出其有效性与局限性并存的特点。有效性在于，市场能够迅速捕捉并反映出消费者的偏好变化，引导资源的合理配置；而局限性则体现在，当某一行业或领域成为热门时，往往会吸引大量资本涌入，导致竞争加剧，成本攀升。

在调研过程中，邵明明意识到，仅仅因为市场需求大就盲目投资开店，很可能陷入"红海"竞争，利润空间被高昂的租金、人力成本以及同质化竞争所侵蚀。因此，她决定采取差异化的竞争策略，不仅注重咖啡的品质与口感，更在店铺的装修风格、文化氛围、顾客体验上下足功夫，力求打造一家独一无二的咖啡馆。

为了控制成本，邵明明并没有选择热门商圈中租金最昂贵的铺位，而是巧妙地将店面选在了一个靠近高校与创意产业园区的地段，这里同样汇聚了大量追求生活品质的年轻人，且租金相对合理。同时，她利用社交文化进行精准营销，举办各类文化沙龙、手冲咖啡体验等活动，增强顾客黏性，逐步构建起品牌忠诚度。

经过一段时间的努力，邵明明的咖啡馆逐渐在当地小有名气，成为一个集咖啡品鉴、文化交流、休闲放松于一身的特色空间。

◆ 投资进化指南 在市场的有效性和局限性中找到平衡

市场的有效性与局限性，犹如一把双刃剑，既为我们提供了无数机遇，也可能带来挑战。深入理解这两者，对于我们做出恰当的投资决策至关重要。在复杂的市场环境中，将理性与灵活有机的结合，才能帮助我们在生活中的投资决策中游刃有余，实现长期稳健的收益。

1. 理性对待热门行业，避免盲目跟风

在投资或创业时，我们常常被市场上的"热点"所吸引，认为进入这些领域就能快速赚取丰厚利润。然而，热门行业的进入门槛往往较高，成本亦被推高。因此，当我们看到某个行业"很火"时，要冷静思考这是否已经"过热"。盲目进入可能面临极高的经营压力，导致投资风险增加。

2. 主动出击，获取更多信息

信息是决策的基石。为了使自己在市场的洪流中立于不败之地，我们需要不断提高自己获取信息的能力。通过行业报告、市场调研、业内人士交流等途径，我们可以获取更多及时、全面的信息，为我们的决策提供有力支持。

3. 把握市场低谷，寻找机会

市场的波动为投资者提供了宝贵的机遇。当某个行业因短期不利因素而遭到过度贬低时，正是我们介入的好时机。通过深度调研，理解行业的长期前景，我们可以避免被市场的短期变化所左右，从而在市场回暖时获得更高的回报。

4. 预留应对空间，降低风险

虽然我们无法完全预测外部风险，但可以通过多元化投资、灵活的经营策略等方式降低风险。无论是房产投资、开店还是新兴行业投资，我们都应该预留一定的应对空间，以应对市场变化带来的突发事件。

信息差是赚钱的前提，也是重要工具

在投资界，有一句话常常被提起："赚钱的机会往往藏在信息差里。"信息差，简单来说，就是在同一市场中，不同的人获取信息的速度和质量存在差异，因此他们在特定的时间点内做出的决策不同。

比如，我们打算在某个社区开一家餐厅，如果能提前得知该社区即将有大量居民搬入，这就是一种信息差。我们便可以在市场尚未反应之前，抢占一个好位置，以低价租下店铺。而当信息广泛传播后，其他人再进入时，店铺租金可能已经上涨，竞争也随之激烈。

信息差是创造财富的核心因素之一。那些能够比他人更早获取、分析和利用信息的人，往往能够抓住先机，获得高额的回报。因此，如何识别和利用信息差，成为我们在投资中一个重要的成功因素。

◆ **投资研习录** 领先一步，财富无数

李启明是 IT 行业内一位看似平凡却心怀壮志的从业者，他的职业生涯在一次偶然的机会下被彻底点亮。那是一个汇聚了业内精英的行业盛会，空气中弥漫着创新思维与未来蓝图碰撞的火花。在众多前沿技术的展示与讨论中，区块链技术以其独特的去中心化、透明性和不可篡改性，如同一颗初升的新星，悄然在李启明的心中种下了探索的种子。

这一信息，在当时的社会大众中，尚属新鲜且未被广泛认知的"信息差"。

敏锐地捕捉到这一机遇，李启明没有止步于表面的了解。他深知，仅凭一腔热情不足以触及技术的核心，李启明开始系统地规划自己的学习路径。他利用每一个可以利用的夜晚与周末，深潜于区块链技术的钻研中，从基础原理到高级应用，每一个细节都不放过。他阅读了大量学术论文、技术博客，甚至与一些开发者交流心得，逐渐构建起自己对区块链技术的深刻理解。

在深入探索的过程中，李启明敏锐地捕捉到了去中心化金融（DeFi）这一新兴领域的无限潜力。相比传统金融体系，DeFi 以其开放、无门槛、高效的特点，正逐步打破金融服务的界限，为全球用户提供了前所未有的金融自由度。李启明意识到，这不仅是技术革新的浪潮，更是普通人通过智慧与努力实现财富增值的新机遇。

于是，在深思熟虑后，李启明决定迈出勇敢的一步，将一部分积蓄投入到了几个经过严格筛选、具有高增长潜力的 DeFi 项目中。

他深知投资有风险，但更相信自己对技术的洞察力和对市场敏锐的判断力。果不其然，随着 DeFi 市场的爆发式增长，这些项目如同被点燃的火箭，不仅为他带来了丰厚的经济回报，更重要的是，坚定了他对区块链技术及其未来应用前景的信念。

然而，李启明并未止步于个人的成功。他深知，在信息爆炸的时代，知识的分享与传递同样重要。因此，他开始着手建立自己的社群，邀请志同道合的朋友和同样对区块链技术充满热情的初学者加入。在这个平台上，李启明不仅分享了自己最新的研究成果、市场动态和投资心得，还积极组织线上线下的交流活动，促进成员之间的思想碰撞与经验共享。他希望通过自己的努力，帮助更多人跨越信息鸿沟，共同抓住区块链技术带来的机遇，实现财富的稳健增长和个人价值的提升。

◆ 投资进化指南 如何找到并利用信息差

信息，作为一种高度复合且多维度的资源，其重要性不言而喻。信息之间的差异，往往直接映射到财富分布的不均上，揭示了认知差距的经济效应。

昔日，信息的鸿沟主要根植于身份的界限，造就出"我知道，而你不知道"的信息不对称格局，这背后是信息传播手段有限性的桎梏。

然而，互联网的蓬勃发展彻底改变了这一面貌，它如同一座桥梁，极大地缩短了人们与信息之间的距离，使得获取信息的门槛大幅降低，传统意义上的信息壁垒遭遇了前所未有的冲击。如今，信息差异的焦点已从单纯地获取转向了对信息的深度剖析、真伪辨别及深刻领悟上，这成为新时代下信息竞争的新战场。

1. 保持信息灵敏度

保持对市场和行业的敏感度，是发现信息差的第一步。无论是创业还是投资，时刻关注行业动态、市场政策变化和消费者需求的变化，都能够帮助我们比他人更早发现机会。比如，我们想要投资一个文化沙龙，除了观察现有市场，还可以关注相关的市场报告、行业新闻，甚至就是在和顾客的日常交流中，我们都能捕捉到潜在的趋势变化。

2. 多元化信息来源

依靠单一的信息渠道往往会陷入信息闭塞的困境。为了尽可能获得全面、准确的信息，我们需要建立多元化的信息渠道。例如，通过行业报告、参加相关展会或论坛，与同行业者交流，甚至加入相关的社交群组，都能让我们更快速、更广泛地获取第一手信息。

3. 深入分析信息

发现信息差只是第一步，能够对信息进行分析和判断，找到其中的投资机会才是关键。即便获得了比别人更多的信息，如果不能正确解读这些信息，仍然无法带来优势。因此，学会筛选和分析信息尤为重要。

例如，如果我们计划在某个旅游城市开设一家纪念品商店，可以通过分析游客来源、消费习惯和市场需求，判断出哪些产品更受欢迎，哪些时段客流量最大，进而优化我们的经营策略。对于这些看似零散的信息，通过汇合总结、综合分析便可以帮助我们制订更具竞争力的经营方案。

4. 提前布局

信息差的最大价值在于，它可以使我们比其他市场参与者更早行动。不管任何投资，提前布局都是抢占先机的关键。当我们比其他人更早了解市场变化，便可以在成本相对较低、竞争较少的时候进入市场，获得更多的利益。

5. 调整策略

信息差不仅能够帮助我们找到机会，还可以帮助我们优化现有的经营或投资策略。当我们了解到市场的新动向时，可以根据这些信息迅速调整策略，使自己立于不败之地。

另外，信息差不仅可以帮助我们找到赚钱的机会，还可以帮助我们避开潜在的风险。当我们比其他人更早了解市场上潜在的风险时，便可以及时调整策略，避免不必要的损失。例如，如果我们了解到某个行业即将面临政策调整或市场饱和，就可以提前退出或者转向其他领域，从而保护我们的资金不受影响。

拒绝"博傻理论"，你没那么容易找到"接盘侠"

在投资领域中，有一种既引人入胜又暗藏杀机的理念，即"博傻理论"。该理论的核心在于，投资者在购买某项资产时，即便察觉到其价格已过度高涨，仍抱有侥幸心理，坚信自己能在未来以更高的价格将其转让给"更笨的接盘者"，从而赚取利润。简而言之，你认为自己不是最后一个接手烫手山芋的人，而是坚信能将这个烫手的山芋抛给下一个"接盘侠"。

这一思维模式曾让许多人产生错觉，仿佛只要有人愿意接盘，就能在资产买卖中稳赚不赔。然而，现实往往很骨感：当市场热度退去，最先追逐那些虚高资产的人或许能侥幸获利，而那些后来者，则可能成为最后的接盘者，承担巨大的风险。

原因在于，随着互联网和技术的飞速发展，市场信息变得越来越透明，投资者的整体素质也在逐步提高。过去，你可能依靠某些信息不对称的优势做出判断，期待别人尚未掌握这些信息，从而大赚一笔；但如今，绝大多数投资者都能较为轻松地获取市场分析、新闻报道和专家意见，信息差正在迅速缩小。这意味着，市场上的"接盘侠"越来越难找，人们更倾向于做出理性的决策，而非盲目追高。

另外，市场泡沫一旦形成，价格看似一路飙升，但这种上涨难以长久。每个泡沫都有其破裂的时刻，而"博傻理论"正是建立在泡沫持续膨胀的幻想之上。然而，当市场达到顶峰，投资者信心崩溃时，价格往往会迅速跌落。一旦泡沫破裂，人人都急于脱手，无人愿意接盘。

因此，"博傻理论"虽然看似简单且暴利，但实际上它建立在一系列不可控的假设之上。对于普通投资者而言，风险远远超过了收益。

◆ 投资研习录 加密货币狂潮退去后的狼藉

作为一位对金融市场有所涉猎的投资者，徐文婷近年来目睹了加密货币市场（如比特币、以太坊等）的狂热与疯狂增长，心中逐渐滋生了一种借助"博傻理论"迅速致富的念头。她深知这个新兴领域充满未知与不确定性，其中不乏大量泡沫，但那些令人咋舌的增值数据，如同海市蜃楼，诱惑着她深入其中。

起初，徐文婷只是以一个谨慎观察者的身份，远远地注视着这场数字货币的盛宴，内心虽有跃跃欲试的冲动，却也保持着必要的理性与警惕。然而，随着社交媒体上关于"一夜暴富"的神话不断被传播，她周围的朋友纷纷晒出自己因投资加密货币而获得的巨大收益，这些"成功故事"像一股不可抗拒的浪潮，逐渐冲垮了她的心理防线。

终于，在一次深思熟虑后，徐文婷决定踏入这个充满未知的世界，她小心翼翼地购买了一些主流加密货币试水。正如许多投资者所经历的那样，她在短时间内目睹了账户余额的快速增长，这份意外的"成功"让她兴奋不已，同时也极大地膨胀了她的贪婪。

开始，她相信自己拥有足够的洞察力，能够在市场崩盘前及时抽身，利用市场的狂热情绪和后来者的盲目跟风，实现更大的财富增值。于是，她不断加码，不仅投入了自己的全部积蓄，还借债加码，完全沉浸在自己能够"聪明地撤退"的美梦之中，却忽视了加密货币市场背后隐藏的巨大风险与泡沫。

然而，正如所有泡沫终将破灭那样，加密货币市场也迎来了它的寒冬。市场剧烈波动，价格暴跌，许多项目停滞，投资者损失惨重。徐文婷也没能幸免，她不仅失去了所有资金，还背负上了沉重的债务。这一刻，她才恍然大悟，那看似精明的"博傻策略"，不过是一场自欺欺人的游戏，而她，才是那个一输到底的傻瓜。

◆ 投资避险指南 如何避免成为最后的"接盘侠"

"博傻理论"及其行为的出现，根源在于人类天性中的冲动与贪欲，这些本能的驱动力，往往让人在追求利益时显得不那么明智。在投资领域，"博傻"的参与者大致可分为两大类：理性与非理性。非理性的投资者，往往被眼前的利益蒙蔽了双眼，忽视了潜在的风险，他们容易跟风、冲动，被贪婪驱使，最终可能沦为市场泡沫破裂时最大的受害者，即"最后的接盘者"。

相比之下，理性"博傻者"则显得更为睿智。他们不仅不畏惧博傻游戏，反而能够巧妙地利用或创造这样的环境。他们深刻理解市场上大多数投资者的心理动态，能够准确捕捉大众的跟风、逐利和冲动心理，并据此作出决策。他们之所以敢于参与，是因为他们确信会有更多的后来者加入这场游戏。他们就像是驾驶航船的航海家，既能在市场风浪中自如穿梭，又能在关键时刻推波助澜，确保自己始终处于不败之地。

就投资而言，完全放弃"博傻"显然也不理性。在自身能力范围内，保持一定程度的理性"博傻"，事实上可以视为非理性市场中的一种有效的投资策略。然而，这并非易事。尽管许多人明白这个道理，但在贪婪的诱惑面前，能够坚守原则、控制自我的人却并不多。因此，对于"博傻"现象，我们应持谨慎态度，设定明确的底线，避免自己成为那个不幸的"最后一人"。

1. 保持冷静，别被风潮轻易吹动

投资者在面对市场热潮时，最需要的就是保持冷静。在"博傻理论"下，许多人因为害怕错过机会而跟风买入资产。然而，最危险的时刻往往就是市场最狂热的时候。要避免跟随市场情绪波动，始终保持理性判断，确保每一个投资决策都基于实际分析，而非市场的短期波动。

2. 关注投资品的内在价值

投资最核心的原则是购买有内在价值的资产，而不是依赖于价格上涨的投机心理。无论是房产、股票还是其他投资项目，首先都要评估它的长期价值，而不能因为短期的市场热潮盲目跟进。

3. 警惕市场泡沫

市场泡沫在投资中是常见的现象，但很多人往往会被眼前的高额回报迷惑。要警惕市场中的"非理性繁荣"，一旦你意识到市场的上涨不再基于实际需求，而是更多靠投机推动时，就要格外小心。投资者应避免在市场投资者情绪最狂热时入场，而应寻找价值被低估的机会。

不要把跑赢市场的故事当成"教科书"

每个成功的投资故事都有其特定的环境。一个人在某个新开发的社区开了一家面包店，赶上了社区人口暴增的红利期，生意自然火爆。或者有人低价购入了一片郊区土地，几年后政府规划开发，房价翻了倍。这样的成功并非因为他们拥有某种可复制的技能，而更多是由于时间和机会碰巧被投资者抓住了。

投资成功的一个关键因素是市场时机。那些跑赢市场的投资者，往往恰好抓住了市场的黄金时期。但现实是，普通人很难提前预测市场走势。如果你听说某位朋友在某个阶段通过投资新兴领域大赚了一笔，有可能是他进入市场的时机恰到好处。但现在你再想复制这一模式，可能市场的需求已经饱和，或者政策发生了变化，成功的概率会大大降低。

对于普通人来说，盲目跟随这些成功案例，则可能会忽视自己所处的市场环境和资源差异，若以此为标准来指导自己的决策，可能会陷入高风险的投资行为中。

◆ 投资研习录 盲目跟风的教训十分惨痛

李悦几年前凭借敏锐的商业嗅觉，在"二孩政策"春风的吹拂下，毅然决然地投资开设了一家特色早教机构。那时，市场正处于"蓝海"阶段，家长们对高质量早教资源的需求如饥似渴，李悦的早教中心迅速成为业界新星，收益颇丰，让周围人羡慕不已。

张雯雯作为李悦的闺密，在茶余饭后无数次听李悦分享那些关于"孩子的钱最好赚"的辉煌经历，心中不禁泛起了涟漪。她开始幻想自己也能复制这份成功，于是在未做充分市场调研、未考虑自身资源与能力匹配度的情况下，盲目跟风，匆匆决定投资开设自己的早教机构。

然而，时过境迁，当张雯雯踏入这片看似充满机遇的市场时，早教行业已是一片"红海"。竞争对手如雨后春笋般涌现，不仅课程种类繁多，服务也更加个性化、精细化。家长们的选择不再局限于少数几家，而更加注重品牌口碑、教学质量及性价比。张雯雯的早教机构，由于缺乏独特竞争优势和有效的市场定位，很快便被淹没在茫茫商海之中。

高昂的运营成本、稀疏的生源、激烈的市场竞争，让张雯雯的早教梦逐渐破碎。她这才意识到，成功从不是简单地复制粘贴，更不是盲目跟风就能轻易获得的。最终，在投入了大量资金与精力后，张雯雯不得不面对投资失败的残酷现实，黯然离场。

◆ **投资进化指南** 如何在市场的诱导中把握投资准向

投资市场瞬息万变，成功的案例总是发生在特定的时间和背景下，并不具备普遍适用性。将这些故事当作"教科书"，容易让普通投资者忽略自己面临的现实条件，追求不切实际的结果。投资新人要避免被这些成功故事所误导，应保持理性，审视自身的投资条件，制订适合自己的长期策略。以下是一些关键建议：

1. 坚守自我实际，理性规划投资

切勿被他人的辉煌成就蒙蔽双眼，盲目追随。每个投资者都拥有独一无二的资源禀赋、背景环境及风险胃纳，因此，制订投资策略时，首要任务是深刻剖析自我现状。对普通投资者而言，核心在于精准把握可控因素，如深入市场洞察、审慎评估资金状况与可投入的时间精力，而非盲目追寻所谓的成功捷径。

2. 汲取智慧，他山之石可攻玉

对于他人的成功故事，我们应当持开放的学习态度，而非视而不见。有些成功虽然带有一定的运气成分，但其背后的智慧与策略定有其独到之处。通过学习并借鉴这些宝贵经验，我们能够在投资中有效规避许多潜在陷阱。

3. 审慎借鉴，避免盲目复制

当前的图书市场上，企业家传记与投资经典书籍依然热销，但我们读者在寻求致富秘籍与投资真谛时，需保持清醒头脑。切勿将

书中故事简单"误读"，更不应被主人公的传奇经历所"误导"，进而轻率地尝试模仿或复制其成功模式。因为，时代的变迁、政策的调整、市场的波动，都让每一个成功案例成为不可复制的独特存在。因此，在汲取他人经验的同时，我们务必结合当前实际，创新思考，走属于自己的投资之路。

4. 聚焦重点，找到精髓

我们应聚焦于那些投资案例历程中的关键环节——过程、细节与策略，而非仅仅关注最终的成败。我们应当像寻宝者一般，细致挖掘他人投资过程中的闪光点、挑战点、潜藏机遇与待解难题。通过这样的深入分析，我们可以洞悉成功投资者如何巧妙利用自身优势，精准捕捉到机遇，有效地化解自己的劣势，并妥善解决投资路上的种种难题。这样的过程，实际上是我们学习投资的"真经"，是提升自身投资能力的宝贵经验。

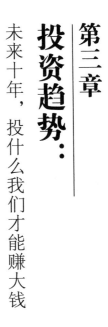

第三章

投资趋势：

未来十年，投什么我们才能赚大钱

把钱投在什么地方，才能抵抗资产缩水

资金若闲置不用，必然会面临贬值的风险。因为随着时间的推移，货币的购买力一定会逐渐减弱，这是通货膨胀和货币供应量增长等经济因素共同作用的结果。从历史来看，在一个时间周期内，单一货币会出现贬值的现象。

也就是说，尽管我们的存款金额表面上并未减少，但由于利率增长速度往往无法跑赢通货膨胀的步伐，其实际价值正在逐渐流失。

对于普通人群而言，资产缩水的直接影响是日常生活成本的增加。房价的上涨、教育成本的攀升以及医疗费用的不断增长，都是通货膨胀与资产缩水现象所带来的现实挑战。因此，如何有效让家庭资金增值，确保其能够抵御通货膨胀的侵蚀，成为每个人不得不深思并规划的重要问题。

◆ **投资研习录** 全职太太的高明操作

赵晴是一位全职太太，随着通货膨胀，她发现原本存款带来的安全感逐渐消失，生活开支不断上涨，而银行存款的利息却在下调。此消彼长，等同于说，自己人在家中坐，家庭资产每天在悄悄减少。那可是老公的血汗钱啊！

赵晴虽然在家全职相夫教子，但好歹也是接受过高等教育的人，她知道，保住资产的办法，只有让它升值。可是怎么升值？对于普通人来说，当然是找到一个可以稳健增值的投资项目。

她关注到全球对环保的重视和绿色能源产业的发展潜力。于是在和老公商议以后，决定将部分资金投入几家新能源公司的股票中。

赵晴在决定投资新能源领域之前，做了相当充分的市场调研与自我评估。她首先利用互联网和图书馆资源，深入学习了新能源行业的基本知识、发展现状、未来趋势以及面临的挑战。她还特别关注了各国政府对于环保和新能源产业的政策支持力度，尤其是中国政府近年来在"碳中和"目标下推出的一系列激励措施和长远规划。

为了更直观地了解市场动态，赵晴开始订阅行业报告、财经新闻以及知名分析师的专栏，每天抽出时间阅读并分析这些信息。她还加入了几个专注于新能源投资交流的社群，与志同道合的投资者分享见解，从他们的经验中汲取智慧。在这个过程中，赵晴逐渐构建起了一套自己对新能源产业的投资逻辑和风险评估体系。

在资金分配上，赵晴展现出了谨慎而理性的态度。她并没有将所有积蓄孤注一掷，而是根据家庭的财务状况和风险承受能力，制订了详细的投资计划。她决定先拿出家庭可投资资产的一部分作为尝试，即便这部分资金全部亏损，也不会对家庭的基本生活造成严重影响。同时，她还设定了明确的止损点和盈利目标，以便在投资过程中能够及时调整策略。

在选择新能源公司股票时，赵晴不仅关注企业的业绩和盈利能力，更重视其技术创新能力、市场竞争力以及可持续发展潜力。她通过查阅公司年报、财报、行业分析报告，结合实地考察或线上交流的方式，对目标公司进行了全面而深入的考察。最终，她选择了几家在特定新能源细分领域具有领先优势、管理团队经验丰富且市场口碑良好的企业作为投资对象。

随着投资的深入，赵晴发现新能源市场的波动虽然较大，但整体趋势向好。她不仅享受到了股价上涨带来的丰厚收益，还深刻体会到了投资带来的成就感和满足感。

此外，赵晴还意识到，投资不仅有利于财富的增长，更有利于提升自我能力和拓宽视野。她开始更加积极地参与各类投资培训、研讨会，不断提升自己的专业素养和决策能力。她相信，只有不断学习、不断进步，才能在复杂多变的投资市场中立于不败之地。

◆ 投资进化指南 如何稳健抵抗资产缩水

要抵抗资产缩水，首先必须理解两个概念——通货膨胀是货币购买力的下降，而投资则是将货币转化为更具长期价值的资产。因此，我们需要把钱"投"在合适的地方，让它能够对抗通货膨胀，保值或增值。

对于普通人来说，对抗通货膨胀并不意味着要选择复杂或高风险的投资方式。关键在于寻找适合自己的渠道，平衡风险与收益。以下是几点实用的建议，看一看哪一个是为你量身定做的。

1. 投资低门槛小型生意

在寻求低风险、低投入的项目时，小型餐饮店、便利店以及生活服务类创业项目以其投资门槛较低和回报稳定的特性吸引了众多投资者。尤其是那些与日常生活息息相关的行业，如社区餐饮、家政服务等，更是备受青睐。在通货膨胀的大背景下，人们的生活需求并不会因此减少，这类小生意能够提供持续且稳定的现金流，帮助抵御物价上涨带来的冲击。

2. 选择实物资产保值

黄金等贵金属被视为抵御通货膨胀的"硬通货"。当货币贬值、市场不稳定时，黄金的价值往往会上涨，因此它常被投资者当作"避险资产"。在过去的几十年里，黄金在全球经济不确定性增加时表现优异，是抵御通货膨胀和经济危机的有效工具。

除了黄金，白银、铂金等贵金属也具备类似的特性，虽然它们的波动性较大，但在全球经济动荡时，仍然能为投资者提供安全保障。对于普通人来说，投资黄金不需要太多专业知识，可以通过购买黄金饰品、金币，或通过黄金交易基金来实现保值。

3. 投资新兴产业：科技与绿色能源

展望未来十年，科技创新和绿色能源无疑将扮演全球经济发展引擎的重要角色。在环境保护和可持续发展等政策的推动下，电动车、太阳能、风能等绿色产业将继续增长。普通投资者可考虑将资金投入这些新兴行业中的优质公司或基金，共享行业发展的成长红利。

4. 投资大宗商品：能源和农业具备潜力

大宗商品，包括能源（如石油、天然气）和农业（如粮食、棉花等），同样是抵抗资产缩水的重要手段。随着全球人口增长和资源稀缺问题日益突出，能源和农业类商品的需求将持续攀升。

对于普通投资者而言，虽然直接投资大宗商品可能面临操作难度较大的问题，但可以通过购买相关商品的基金或投资从事能源、农业的公司股票，间接参与这些领域的投资。

5. 多元化投资组合

为了更好地分散风险，提升投资效益，建议采取多元化的投资策略。除了传统的创业和实物资产投资外，还可以关注与通货膨胀挂钩的债券、基金等抗通货膨胀的理财产品。这些产品能够根据通货膨胀的变化自动调整收益，为投资者提供一定的安全保障。

政策，永远是投资的风向标

政策在市场中的作用，就如同一股看不见的风，左右着资金的流向与行业的兴衰。每一次政策的调整，都会带来投资机会或风险的转变。对于普通投资者而言，政策并不是抽象的宏观概念，而是我们日常生活和投资决策中的关键因素。通过密切关注和解读政策的变化，投资者可以在市场中抓住潜在的机会。

例如，政府推动的扶持计划、产业调整、税收优惠等都会直接影响某些行业的兴衰。一个得到政策支持的行业，往往能迅速崛起，吸引大量资本涌入，从而实现快速增长。而那些忽视政策导向的投资者，则可能会错失机遇，甚至陷入不利的市场环境当中。因此，紧跟政策的风向标，既是投资者规避风险的明智选择，也是发现新兴机会的最佳路径。

◆ 投资研习录 风情民宿背后的投资逻辑

吴琴从大城市返乡以后，一直想经营一份属于自己的小事业，尤其对旅游行业情有独钟。然而，因为资金并不丰裕而且对乡村市场相对陌生，她迟迟未能迈出那一步。转折点出现在当地政府积极响应国家乡村振兴战略，推出了一系列针对乡村旅游的扶持政策之时。

政府出台的支持措施全面而贴心：免息创业贷款减轻了她的资金压力，资金补贴更是锦上添花，加上精心设计的运营培训课程和强大的旅游宣传推广力度，让吴琴深感这是一个千载难逢的机遇。她敏锐地意识到，这不仅是实现梦想的舞台，更是借政策东风，实现稳健投资的理想途径。

于是，吴琴毅然决定将自己的积蓄投入乡村特色民宿的建设中。起初，虽然她在民宿运营方面缺乏经验，但政府的免费培训如同及时雨，让她迅速掌握了房间设计、客源维护、日常管理等关键技能。同时，依托政府强大的推广平台，吴琴的民宿与周边"农家乐"建立了合作网络，加入了旅游协会推荐名单，逐渐吸引了大量来自城市的游客。

吴琴的民宿以简约而不失乡村风情的装修风格和宁静舒适的环境为特色，迅速在城市游客中赢得了口碑。随着客流量的持续增长，她的经营收入也稳步提升。更为幸运的是，政府还提供了进一步的资金扶持，助力她扩大经营规模，增设了烧烤区和一系列乡村体验项目，使民宿变得更加丰富多彩，吸引力倍增。

仅仅一年时间，吴琴的民宿不仅在当地声名鹊起，收入也远远超出了她的预期。她的成功故事，成为当地依靠政策发展、紧跟政策风向成功创业的典范。

◆ **投资进化指南** **政策驱动的"小而美"的投资机会**

政策往往会为资本市场指引方向，哪些行业会被扶持，哪些行业会面临调整，都是政策可以提前透露的重要信号。对于普通投资者来说，随着社会信息的日益网络化和透明化，政策不再是复杂的经济调控工具，而是我们身边触手可及的机遇。无论是创业扶持政策，还是消费补贴与绿色环保政策，普通人都可以通过关注政策动向，寻找适合自己的投资风口。

1. 紧跟地方政策风向标

地方政府往往会推出一些扶持本地经济的针对性政策，这些政策往往更贴近普通人的投资需求。通过关注当地的政府官网、政策发布会，了解最新的税收优惠、创业扶持计划，可以帮助你找到适合自己的投资机会。

2. 活用政策资源，强化投资韧性

政府提供的资源不仅是政策本身，往往还包括资金支持、税收减免、免费培训等。投资者在进行项目布局时，可以积极申请相关的政府扶持，帮助自己减少投资成本，增强项目的抗风险能力。例如，创业者可以通过政府的创业贷款和补贴项目来减轻资金压力，或者参与行业培训，获得更专业的知识。

3. 规避政策风险，实施稳健投资

尽管政策支持某些行业的发展，但在其他领域，政策也会起到限制或调控作用。对于普通投资者来说，避免进入政策调控严格的行业，或者在政策风险高的领域谨慎投资，才能确保资金安全。例如，一些传统制造业在环保政策下产生巨大压力，生产成本上升，利润空间被压缩。对于普通投资者来说，这些行业的政策风险高，投资回报不确定，应当尽量避免。

4. 灵活应变，构建多元化投资布局

政策并不是一成不变的，投资者需要学会在政策变化时灵活应对。投资布局应保持一定的分散性，避免将所有资金集中在单一项目或行业上。在某个行业的相关政策调整后，可减少其投资金额，避免对单一行业过度依赖，从而保证整体资产的安全性。

如何在经济增速放缓的形势下找到投资机会

经济增速放缓，犹如大河水流趋缓，表面上看似平静，实则暗流涌动。传统的投资渠道可能因增长放缓而黯然失色，但这并不意味着机会的消逝。相反，资金和资源发生流动性变化，往往在此时孕育着新的商机。在经济增速放缓时期，资本会从一处流向另一处，去寻找更高的效益和更稳健的避风港。

这种流动性的变化，需要我们以更广阔的视野和更敏锐的洞察力，去捕捉经济结构调整中的新趋势。消费者需求的转变、政策导向的微调、技术创新的突破，都可能引导资金的重新分配。对于眼光独到的投资者而言，这正是提前布局、抢占先机的黄金时期。

◆ **投资研习录** **绿色经济中的淘金策略**

近年，随着全球经济增速普遍放缓，传统行业面临挑战，而环境保护和可持续发展成为全球共识。张吉翰敏锐地察觉到这一变化背后的投资机遇，决定调整自己的股票投资策略，专注于"绿色经济"领域。

张吉翰关注到政府对新能源、节能环保等绿色产业的支持力度不断加大，政策红利显著。他通过查阅政府工作报告、参加行业论坛等方式，深入了解政策导向和资金扶持方向。随着消费者环保意识的增强，绿色产品和服务需求的日益增长，张吉翰观察到，电动汽车、智能家居、节能设备等市场出现新的快速增长，张吉翰预判这些领域将成为未来投资的热点。

经济增速放缓期往往也是技术创新的活跃期。他同时也注意到，在绿色技术领域，如太阳能、风能等可再生能源的开发成本不断降低，效率不断提升，这为其大规模商业化应用奠定了基础。

基于上述分析，张吉翰选择了几家具有核心技术优势、市场前景广阔，且目前股价仍处于低位的绿色能源和环保技术企业进行投资。他特别关注那些已经在市场中占据一定份额，且持续加大研发投入的企业。

为了降低风险，张吉翰并没有将所有资金投入单一项目中，而是采取了分散投资策略，同时投资了多家企业和不同细分领域的绿色项目。

张吉翰相信，绿色经济的转型是一个长期过程，因此他采取了长期持有的策略，耐心等待企业成长和价值释放。

几年后，随着全球绿色经济的蓬勃发展，张吉翰所投资的绿色能源和环保技术企业均实现了显著增长，股价大幅上涨。

◆ **投资进化指南** 经济增速放缓时期如何找到投资机会

经济暂时的减速并不可怕，真正可怕的是因循守旧、故步自封，从而错失转型的绝佳时机。投资者只要跳出固有的框架，以动态的视角去审视市场，紧密追随时代的脉搏，灵活调整投资策略，就能在经济的低谷中发现新的增长点。

1. 关注基础设施

经济增速放缓时期，政府往往会加大基础设施建设的力度以刺激经济，这类投资通常具有较低的风险和相对稳定的收益。

2. 研究政策及政府投资计划

政府的扶持往往引导资金的流向，了解政策重点，关注国家及地方政府发布的基础设施建设规划，了解哪些项目即将启动或正在建设中，有助于提前布局。

3. 研究产业趋势

深入研究产业升级方向，密切关注那些正在吸引新的资金的行业，如高科技、智能制造、新能源、生物医药等新兴产业，这些领域在国家政策的支持下，有望实现逆势快速增长。

4. 进行稳定收益类投资

投资债券或债券型基金：选择国债、地方政府债或大型国有企业发行的优质债券，以及投资这些债券的债券型基金，以获得稳定的固定收益，但需在选择前评估风险并谨慎投资。

存量经济时代，在不确定中寻找"确定性溢价"

随着全球经济增速放缓，我们逐渐进入一个"存量经济时代"，即市场上的资源和机会变得有限，不再像以前那样大规模扩展。在这种背景下，如何在不确定的环境中找到相对稳定的收益，成为每个投资者需要思考的问题。

所谓"确定性溢价"，指的是在存量经济中，投资者不再追求高速增长的机会，而更看重那些在复杂环境下依然表现稳定、具有确定性回报的投资产品。这种溢价并不是靠激进的增长带来的，而是通过企业的抗风险能力、市场地位、管理效率等"硬实力"来实现的。在存量经济时代，投资者要放弃一夜暴富的幻想，寻找能够长期稳定发展的项目，掌握确定性才是抵抗经济波动的最佳方式。

◆ 投资研习录 转角会有惊喜

赵一夫是一位中年上班族，对股市投资有着浓厚的兴趣，但并非金融专业出身。随着国内经济逐步步入存量主导阶段，嗅觉敏锐的赵一夫开始调整自己的投资策略，从追求短期的高收益转向寻找具有长期确定性的投资机会。

起初，赵一夫通过自学相关知识，初步认识到，在存量经济时代，经济增速放缓，但行业分化加剧，优质头部企业将获得更多的市场份额和利润。他意识到，投资不应再盲目追逐热点，而应聚焦于那些具有稳定业绩、基本面良好的龙头企业。

确定投资策略后，赵一夫开始深入研究各个行业的龙头企业。他查阅了大量财务报告、行业研究报告和机构评级报告，最终锁定了几家在各自领域内业绩稳定，具有较强的行业整合能力和创新能力的目标公司，符合他对"确定性溢价"的追求。

他深知在存量经济时代，市场波动可能更加剧烈，因此并没有急于出手，耐心等待合适的买入时机。经过几个月的观察，赵一夫发现目标公司的股价在市场调整时出现了难得的低价买入机会，于是果断出手，用自己这些年的投资盈利，分批买入了目标公司的股票。

买入后，赵一夫并没有放松警惕。他持续关注持仓公司的经营状况和行业动态，及时调整自己的投资组合。冷静看待短期的涨跌波动。果不其然，赵一夫的投资取得了显著的回报。他所投资的几家公司不仅业绩稳步增长，股价也稳中求进，不断上涨。

◆ 投资进化指南　如何在存量经济中找到"确定性溢价"

存量经济时代，机会依然存在，只不过这些机会可能不会像以前那样"野蛮生长"，而是更加稳健和细水长流。关键在于，我们怎样才能在不确定的市场中找到确定的投资标的。

1. 优先选择稳定的行业和企业

在存量经济的背景下，不同行业抵御风险的能力参差不齐。诸如医疗、教育、日用品及公共服务等与人们日常生活紧密相连的领域，往往能够抵挡经济波动的冲击，展现出较高的稳定性与确定性。精明的投资者应聚焦于这些行业中的领军企业，因为它们通常拥有强大的市场影响力，即便在存量市场中也能维持可观的收益。

2. 关注拥有"护城河"的企业

"护城河"即企业在行业竞争中拥有独一无二的竞争优势，可能是技术领先、品牌影响力或坚固的供应链管理等。这些企业即便在市场低迷之际，也能依赖其坚固的竞争优势，稳住市场地位并维持可观的盈利能力。投资这样的企业，不仅能够确保资产在长期内稳步增长，还更能有效地抵御市场的短期波动。

3. 选择高股息的股票或分红型基金

当经济增长步入轨道，那些高速增长企业的表现或许将逐渐黯淡，而那些经营稳健、现金流充沛的企业则往往会通过丰厚的股息来答谢投资者。涉足这类企业的股票交易，或者选择分红政策稳定、收益可观的基金，不仅能够给自己带来定期的收益回报，更能在市场整体表现不佳时，为自己提供一份确定的收益保障。

为什么说未来十年投资机会主要在供给侧

"供给侧"，听起来好像很深奥，但其实它的意思是未来的赚钱机会，更多是在"怎么生产"上，而不只是"卖给谁"。简单来说，就是通过优化生产流程、提高产品质量、引入新技术来挖掘市场机会，而不是靠扩大需求、提高销售去拉动经济。

过去，大家可能更注重需求侧，想着"我卖给更多人，产品就火了，钱就赚到了"，但现在，供给侧改革让企业更注重内部提升，比如提高生产效率、减少浪费、推陈出新，抢占更高质量的市场份额。对于投资者来说，这意味着未来的机会更多来自那些能够通过提高供给效率和进行技术创新的企业。换句话说，未来十年，只有抓住供给侧的变化和升级，才能真正抓住投资的风口。

◆ 投资研习录 舌尖上的发财机会

纪晓楠对新鲜食材有着执着的追求，但忙碌的工作让她难以经常光顾传统菜市场。一次偶然的机会，她接触到了社区生鲜电商平台，便被其便捷的购物体验和优质的品控所吸引。在享受便捷服务的同时，纪晓楠也敏锐地察觉到了这个行业的巨大潜力。

之后，纪晓楠开始利用业余时间研究社区生鲜电商行业。经过一番调研，她发现，一家新兴的社区生鲜电商平台正处于起步发展阶段，该平台致力于与本地农户建立直接的合作关系，确保食材的新鲜与安全，同时通过智能配送系统，实现了快速送达。

社区生鲜电商的供给侧投资机会在于，其整合了农产品供应链条，减少了中间环节，提高了流通效率。同时，通过精准营销和大数据分析，更好地匹配了消费者需求，实现个性化服务。随着消费者对食品安全的重视和线上购物习惯的形成，社区生鲜电商市场潜力巨大。纪晓楠被该平台的商业模式和发展前景所吸引，决定参与其众筹项目，成为早期投资者之一。

随着平台业务的不断扩展，用户数量激增，订单量也随之攀升。农户们通过平台获得了更稳定的销售渠道，而消费者则享受到了更加便捷、优质的购物体验。纪晓楠作为投资者之一，也见证了平台营收的快速增长，并获得了可观的投资回报。

◆ 投资进化指南 如何发现并抓住供给侧的投资机会

鉴于当前国内经济发展的实际状况，政府在充分吸收理论界多年研究成果的基础上，恰逢其时地提出了"供给侧结构性改革"的战略方针。这一方针强调在保持总需求适度增长的同时，需在推进经济结构性改革上付出更大努力，尤其是要着力强化供给侧结构性改革，以提高供给体系的质量和效率为核心目标。通过改革，使供给体系能够更加匹配需求结构的变化，实现供给侧与需求侧的有效契合，从而为经济的持续稳健增长注入强大动力。在这样的宏观经济背景下，供给侧的投资前景显得尤为重要，值得投资者高度关注与深思熟虑。

1. 务必把握政策动向

供给侧改革的重点通常与国家政策密切相关，如去产能、降成本、补短板等。投资者应密切关注国家相关政策的发布和实施情况，针对具体行业，了解行业政策对供给侧的影响，如补贴政策、税收优惠、行业准入门槛等，以判断哪些行业和企业将受益于供给侧改革。这些都会直接影响到行业内企业的盈利能力和投资价值。

2. 关注有技术创新的企业

未来十年，那些通过科技手段提高生产效率的供给侧企业或将占据市场优势。投资者可以重点关注那些在智能制造、自动化生产、数据化管理等领域有突破的企业。比如，制造行业的自动化设备供应商、AI（人工智能）技术支持的企业等，都是值得考虑的供给侧投资对象。

3. 侧重处于转型升级期的传统企业

传统企业的转型升级，是供给侧改革中的另一重要方向。一般而言，未来一段时期，投资那些正在进行智能化、数字化改造的传统企业，投资者可以分享到企业升级后的增长红利。例如，一些制造企业正在从手工生产转型为自动化生产，而零售企业则正在加速数字化转型。选择这类企业进行长期投资，往往能获得稳定的回报。

4. 重视新兴产业的产业链上下游

未来，一些新兴产业，如 6G、人工智能、新材料等，不仅本身具有很高的投资价值，而且它们的上下游企业也蕴含着大量机会。比如，为 6G 技术提供基础设备的公司、参与智能家居产品开发的制造商，这些都是供给侧改革推动下的新兴产业链机会。投资者可以通过分析这些行业的生态链，找到处于关键位置的企业进行投资。

房地产领域，以后还有没有"含金量"

过去的 20 年，房地产市场曾一度是许多人实现财富积累的黄金通道，特别是在那些繁华的大都市中，不少人投资房地产甚至实现了身家的暴涨。然而，随着供需关系的微妙转变，以及限购、限贷等调控政策的逐步实施，房产投资的回报率逐渐收敛，甚至在某些区域出现了房价的下滑。与此同时，人口流动的变迁以及城市化进程的推进，仅有少部分地区的核心区域的房产仍具投资价值。

尽管整体市场略显低迷，但房地产依然蕴藏着其独特的"含金量"。在特定的地区或细分市场，仍存在着不容忽视的投资契机。展望未来，房地产投资将不再仅仅热衷于广泛的购房市场，而是更加注重项目的选择与定位，力求实现精准投资。换言之，房地产领域的"含金量"已从以往的"普遍增值"转变为如今的"精选机会"。

◆ 投资研习录 **有时要走别人不敢走的路**

几年前，王媛媛和众多投资者一样，将资金大量投入房地产市场，期盼借由房价的快速攀升实现丰厚的投资回报。然而，随着政府对楼市调控政策的持续加码，房价增长速度显著减缓，甚至在某些地区出现了下滑迹象。王媛媛顿悟，依赖房价的高速增长来大幅提升资产价值已不复存在。

她开始积极调整投资策略，寻求更为稳健和确定性的投资机会。经过深入的市场调研，参照朋友的宝贵建议，她发现，尽管楼市增速整体放缓，但某些房产类型依然展现出较高的投资价值。比如，位于城市中心、交通便捷、教育资源丰富的学区房，尽管价格涨幅相对有限，但其租金收益稳定，未来价值也有相对可靠的保障。

于是，王媛媛果断地将手中位于郊区、升值潜力有限的房产出售，转而投资了一套市区的学区房。她的决策逻辑清晰而明智：不再过分追求房价的快速上涨，而是看重房产长期稳定的租金收益和良好的保值性。

事实证明，王媛媛的决策是明智且正确的。尽管楼市近年来经历了一定的波动，但她的学区房却始终备受租客追捧，每年都能带来稳定的租金收入。房产的价值也未出现明显的波动，展现出较强的抗风险能力。

◆ 投资避险指南 **如何在楼市遇冷的环境下进行稳妥投资**

如果将购房作为一种投资手段，它与炒股不同，其目的在于抵御通货膨胀、保值增值。只要我们选择的房产位置良好、户型适中，从长远来看，其回报必将远超通货膨胀率。在个人房产投资方向的选择上，有以下几点经验分享，或许能为大家提供一些启示：

1. 精准定位，聚焦核心城市与潜力区域

深度研究城市发展趋势：不仅仅局限于北上广深及省会城市，更要关注那些有明确发展规划、经济增长动力强劲、产业结构多元化的强二线城市。

区域精细化选择：在选定城市中，优先考虑城市中心、新兴商务区、高科技园区及有政府重点扶持政策的区域。同时，关注那些正在进行城市更新或再开发的旧城区，它们往往蕴含巨大潜力。

2. 人口流动趋势与需求导向

紧跟人口迁移趋势：选择那些因经济机会、教育资源、医疗资源等因素吸引大量人口净流入的城市。关注人才政策、落户政策对人口流动的影响。

需求细分：根据目标群体的不同（如年轻家庭、老年人群、单身青年等），选择满足不同居住需求的房产类型，如学区房、养老社区、单身公寓等。

3. 政策红利与市场趋势相结合

积极响应政策导向：密切关注"租售并举""房住不炒"等房地产政策动态，选择那些受到政策支持、鼓励租赁发展的区域和项目。

市场趋势预测：利用大数据分析、专业机构报告等工具，预测

市场走势，把握投资时机。避免追高买入，学习寻找价值洼地。

4.基础设施与周边配套综合考量

未来规划预判：深入了解区域未来几年的基础设施建设规划，包括交通（如地铁、高铁）、教育（名校入驻）、医疗（三甲医院建设）、商业（购物中心、综合体）等，这些因素将直接影响房产价值。

生活便利性评估：考察周边生活配套设施的成熟度，如超市、便利店、餐饮娱乐等，确保房产具有较高的居住舒适度和便捷性。

第四章
周期概率：

掌握周期真相，才能抓住高获利良机

能掌握经济运行周期的人，一定有"钱途"

经济周期是经济运行的一种客观规律，是经济活动在时间维度上的波动和变化。一个完整的经济周期，包括四个鲜明的阶段：繁荣期、衰退期、萧条期及复苏期。

在繁荣期中，信贷行业蓬勃发展，推动了经济的快速增长，但这种增长也带来了问题，即债务的增长速度超越了生产率的提升。这种情况，意味着，仅凭当前的社会财富创造速度，是无法完全清偿现有债务的。这一阶段，经济会达到一个峰值，经济学称为"景气高峰"。

繁荣之后就是衰退。当人们开始对借贷持谨慎态度，保守消费、提前谨慎偿还债务时，经济便进入了衰退期。这一过程，经济学称为"去杠杆化"。衰退期通常持续约十年之久。

衰退带来了萧条。在萧条期，虽然债务得到了显著削减，以当前社会财富创造速度来看，已经足以偿还债务，然而，由于人们仍然缺乏信心，不敢轻易借贷，经济继续下滑，直至达到"景气谷底"。

到达"景气谷底"之后，经济便会逐渐复苏。此时，人们重新燃起信心，开始借贷，推动经济再度增长。

总结起来，繁荣期、衰退期、萧条期与复苏期这四个阶段环环相扣，共同构成了经济周期的完整循环。那么，问题来了，在经济周期的整个运行过程中，我们该如何配置自己的资产，选择投资方向，才能使资产稳中有升呢？

◆ 投资研习录 从八千到百亿，他到底经历了什么

中国有位股票高手，叫林园。

林园认为，投资策略核心是在正确的时间做正确的事情，要根据情况变化灵活应对。市场有熊市和牛市之分，不同的环境应当使用不同的投资方法。只要方法对了，就算在熊市，同样可以实现盈利。

林园的投资生涯始于 1989 年，当时他携带从亲友处东拼西凑的 8000 元踏入股票市场，随即便被股市狠狠上了一课，短短时间，8000 元便亏损殆尽。

20 世纪 90 年代初，随着民营经济的逐渐繁荣，国内经济发展开始加速。民营企业的壮大和国民收入的增长，使中国经济快速步入上行期。林园重燃斗志杀回 A 股市场，他发现，长虹、康佳等上市彩电企业的股票价格适中，每股盈利可观，账面怎么算都是盈利，而且周围人都有更换家电的需求。他果断全仓长虹，至 1997 年，四川长虹已为他带来了近 9 倍的盈利。

90 年代末，民生类商品的市场走势逐渐疲软，而与基建密切相关的行业如水泥、化工、煤炭等，则掀起了新一轮的牛市浪潮。在经济繁荣的阶段，大宗商品往往能展现出出色的市场表现。然而，林园经过深思熟虑后，再次选择离开 A 股市场，将资金投向周边市场。他敏锐地察觉到，虽然市场表面看似繁荣，但社会问题已逐渐浮出水面，这无疑是一个潜在的危机信号。林园果断退出，成功地避开了繁荣期结束后的暴跌。

从 2002 年到 2005 年，中国股市经历了一波跌幅高达 55% 的熊市。在这段艰难的时期，林园于 2003 年重返 A 股市场。在这一年中，他精心挑选了十几只仅凭分红配送就能保证盈利的优质股票，并开始逐步建仓。在随后的两年里，他通过动态调查不断调整仓位，始终坚持优中择优的原则，渐渐将主要仓位集中在了贵州茅台、招商银行、铜陵有色、上海机场、黄山旅游等少数几只股票上，静待牛市的到来。

林园的投资逻辑十分明晰，他深信中国经济的增长将带动全球经济的复苏。从安全角度出发，他首选与"嘴巴经济"相关的股票，因为随着中国人收入的增加，对吃喝的要求也越来越高，高端白酒的需求势必会持续增长。

同时，林园观察到中国基础设施建设的热潮持续高涨，大型原材料企业的增长率一直保持在高位，这让他对与基建和其相关产业保持了高度的关注。此外，随着中国出口的不断增长，国际交往日益频繁，作为全国经济领先的城市上海，其机场业绩自然水涨船高。

林园通过投资股票，积累了越来越多的财富，被称为中国的

"股神"。

◆ 投资进化指南 如何掌握经济周期中的投资机会

随着资本日渐崛起为经济发展的核心驱动力，经济周期的浮现便成为不可抗拒的必然趋势。人们通常对复苏与繁荣怀有热烈期待，却对衰退与萧条抱有悲观情绪，然而，机遇无处不在，只是各阶段的表现形态各异。深刻理解并掌握经济周期，就如同掌握了一把解锁财富奥秘的钥匙：在恰当时机采取适宜的行动，我们的投资才能实现效益最大化。

1.研习行业周期脉络，捕捉投资良机

众多行业内部均蕴含着各自独特的周期律动。比如，科技行业受创新周期限制，新能源产业受政策导向影响，零售行业呈现出明显的季节性周期特征。深入钻研你所关注的行业，洞悉其周期性规律，能够助你提前预见市场热点，避免在不适宜的时机做出决策，从而实现投资策略的有效布局。

2.保持现金流的灵活性，随时准备出击

在经济周期的每个阶段，投资者都需要保持现金流的灵活性，特别是在市场陷入萧条之际，此时众多优质资产的价格相对较低，所以拥有充足的资金就显得尤为重要。建立一定的现金储备，可以确保我们能够在合适的时机果断出手，而不至于因资金短缺而错失良机。保持现金流的灵活性，能够让我们在市场变化中进退有据。

3. 紧密关注市场供需动态，把握行业周期变化

事实上，并非所有行业都严格遵循宏观经济周期的步伐，一些行业拥有自己独特的供需周期。比如农产品、能源和原材料等行业，这些行业容易受到天气、地缘政治和全球需求变化的影响。投资者应当密切关注这些行业的特定周期变化，及时把握市场动态。在这些行业的低迷期进行布局，待市场需求上升时获得收益。这样，我们才能实现投资收益的最大化。

4. 运用逆周期思维指导投资布局

当市场处于低迷期时，一些被低估的资产或领域反而具有较高的投资潜力。以旅游行业为例，当经济衰退时，该行业可能会遭受重创；然而随着市场复苏和需求的回升，旅游业通常会迅速反弹。如果我们能在行业低谷期适时布局，那么在市场复苏时将能获得丰厚的收益。逆周期投资需要投资者具备敏锐的洞察力和坚定的信心，以实现长期的投资目标。

洞悉周期客观规律，提前锁定并作好布局

了解周期，就像过冬前提前做好准备一样，能帮助我们避免盲目追逐短期的市场波动，着眼于长期稳定的投资回报。

虽然周期看起来复杂多变，但它并不是没有规律可循。繁荣期往往伴随着乐观情绪和市场扩张，而衰退期则伴随着恐慌和市场收缩。周期的长短不尽相同，有的可能是几年，有的则可能持续几十年，但只要我们能抓住其中的关键指标，比如经济数据、市场情绪、行业动向等，就能大致判断出当前处于周期的哪个阶段。

要锁定周期，重要的是学会如何通过观察各类市场信息来推测下一步的动向，并通过合理的布局，确保在周期的不同阶段都有相应的应对策略。

◆ **投资研习录** **人生发财靠"康波"**

在投资界，有一句话广为流传："人生发财靠康波。"

康波周期是由经济学家康德拉季耶夫揭示的周期现象，描绘了发达商品经济中一个长达 50 年至 60 年的波动规律。

康波周期以萧条期为起点，这一阶段通常持续约 15 年，随后而来的复苏期约为 10 年，接着是长达约 20 年的繁荣期，最后再经历约 5 年至 10 年的衰退期。这样的循环往复，构成了经济发展的独特韵律。

观察康波周期可以发现，每一个阶段的进步，都伴随着技术性的革命。从纺织机的发明到蒸汽机的轰鸣，再到火车、铁路的飞速发展，电力的广泛应用，计算机的崛起，互联网的普及，每一个时代都有其标志性的繁荣景象。

70 后 80 后毕业参加工作、步入婚姻时，恰好处在上一个周期的繁荣期之中，那是一个房地产蓬勃发展的时代。大规模的基础设施建设让许多有远见的投资者，通过投资房地产，实现了财富翻番。而如今，我们正处于经济繁荣之后的衰退期，人工智能等新技术正在引领新的康波周期。然而，机会总是青睐有准备的人，能否抓住这一波机会，关键在于个人的洞察与决策力。

宋奇是一位充满活力的 90 后创业者，其初创企业专注于移动互联网应用的开发。幸运的是恰逢其时，他赶上了移动互联网行业迅猛发展的"黄金时代"，新兴应用如雨后春笋般涌现，资本市场对这个领域给予了前所未有的热捧。宋奇与团队应势而动，凭借几款创新的 APP 产品，短短一年间便吸引了海量用户，公司的估值也扶摇直上。

然而，随着时光流转，移动互联网市场逐渐显现出饱和的迹象。宋奇洞察到，曾经炽热的市场正在逐渐冷却，越来越多的初创公司涌入这片"红海"，竞争的激烈程度与日俱增。与此同时，资本市场的态度也发生了微妙的变化，投资人对移动互联网项目的热情逐渐退潮。宋奇敏锐地察觉到，行业的"繁荣期"正在渐行渐远，市场即将迎来调整与洗牌的转折点。

面对这一重大变化，宋奇展现出了非凡的决断力。他并未盲目追求短期的市场热点，而是高瞻远瞩地选择了转型，进军 B2B 软件服务领域，开始为传统行业提供定制化的企业软件解决方案。尽管转型初期业务发展面临一定的挑战，但宋奇深知行业的兴衰是周期性的，与其追逐已经过热的消费互联网领域，不如深耕一个相对稳定、有长远前景的企业服务市场。

正如宋奇所预料，随着移动互联网泡沫的破裂，许多初创公司纷纷倒下，而宋奇的公司则凭借在 B2B 市场的稳健布局，逆势前行。他的团队不仅没有被行业周期的波动所困扰，反而在市场的调整中捕捉到了新的机遇，实现了企业的稳健发展。

◆ 投资进化指南 如何锁定周期规律并做好布局

掌握经济周期的规律，对于我们精准应对市场波动、做出明智的投资决策具有举足轻重的意义。然而，我们必须认识到，经济周期的规律并非一成不变，而是受到诸多复杂因素的影响。因此，我们需要持续不断地学习、研究和探索，以适应经济周期的不断变化。

1. 从历史规律中找寻规律

通过对历史经济周期的深入剖析，我们可以发现，经济周期具有一定的规律性。例如，长周期的波动往往与技术革命、人口增长等重大因素紧密相连。在当前时代背景下，我们应密切关注人工智能、新能源等新兴技术的蓬勃发展，并以此为契机，洞察未来经济周期的走势，从而为我们的决策提供有力的依据。

2. 紧跟经济政策的步伐

政府的经济政策调整对经济周期具有显著的影响。因此，我们需要密切关注政策动态，加强对宏观经济的研究，特别是货币政策、财政政策等方面的变化。通过及时掌握这些关键信息，我们能够更加准确地判断经济周期的变化，为投资决策提供有力的支持。

3. 关注关键经济指标的动态

要掌握经济周期的脉络，就要聚焦于一系列核心经济指标。这些指标如同经济的晴雨表，能够精准地反映出当前的经济运行状态，包括 GDP 增长率、失业率、通货膨胀率等。当这些指标出现趋势性变化时，往往预示着经济周期的转变。通过密切关注这些指标的动态，我们可以大致判断出当前所处的经济周期阶段，从而相应地调整我们的投资或商业策略，以适应市场的变化。

4. 市场情绪：周期信号的重要参考

市场情绪是一个重要的周期信号。当市场过度乐观，人人都在谈论投资或创业的机会时，这往往是一种危险的信号，意味着泡沫可能已经形成；而当大多数人感到恐慌，认为市场前景黯淡时，这可能正是周期低谷的拐点。学会识别这些情绪信号至关重要。通过观察和分析市场情绪的变化，我们可以更好地做出逆向投资或布局的决策。

5. 把握低谷期的机遇

周期的低谷期常常伴随着恐慌和不确定性，但这种恐慌和不确定性中蕴含着最好的机遇。无论是创业还是投资，低谷期往往伴随着许多优质资产的被低估。此时，我们应大胆出手，等待市场复苏时获取高额回报。然而，这需要我们有足够的耐心和资金储备来等待机会来临，并果断抓住机遇，参与投资。

忽视干预因素，周期变化将带来不利影响

现在，我们已然洞悉经济周期的存在，明白市场有起有落，也掌握了判断经济周期规律的基本方法。然而，这还不够，因为在经济周期的波动中，还潜藏着"干预因素"这一变量。

当干预因素悄然介入，经济周期的自然律动或被放大，或被扭曲，从而引发市场的反常现象。若忽视这些干预因素，投资者便可能会在不合时宜的时机做出错误的决策。换言之，掌握经济周期的规律固然重要，但学会识别和理解干预因素，并据此调整策略，同样至关重要。否则，我们可能会在看似繁荣的表象中盲目乐观，忽视了隐藏的风险，最终被周期的波动所吞噬。

◆ 投资研习录 浪漫咖啡的扩张挑战与反思

在烟雨江南繁华喧嚣的城市心脏地带，张欣美精心打造了一家独具特色的咖啡店——"晨光小憩"，这里不仅是都市白领放松小

憩的港湾，也是自由职业者灵感闪现的乐园。凭借其独特的装修情调、温馨的氛围以及周到的服务，小店迅速积攒了良好的口碑，顾客络绎不绝，生意异常火爆。

随着市场的持续升温，张欣美敏锐捕捉到年轻消费群体对品质生活的追求。怀揣着对咖啡事业的无限热爱与对未来市场的乐观预期，她决定乘胜追击，利用经济繁荣的东风，实现自己的品牌梦想。说干就干，张欣美精心策划，通过银行贷款筹集资金，在城市另外两个繁华商圈选址，开设了"晨光小憩"的两家分店，期待进一步扩大品牌影响力，占领更多的市场份额。

然而，正当张欣美沉浸在自己"宏伟蓝图"的构想中时，一场突如其来的变故打了她一个措手不及。当地政府为了应对潜在的经济过热风险，调整了货币政策，不仅收紧了信贷政策，还积极倡导全民节约消费，以平衡市场供需。这一系列政策调控如同冬日里的一股寒风，迅速吹散了市场的暖意，消费者开始变得更加理性与节俭，外出就餐和休闲娱乐的频率明显下降。

更令张欣美始料未及的是，办公区周边的企业环境也悄然发生了变化。在经济增速放缓的影响下，不少企业为了降低成本，纷纷采取了削减开支的措施，员工福利待遇随之缩水，其中就包括减少团建和下午茶等福利性消费，直接导致张欣美的咖啡店核心顾客群体的消费力下滑。

突如其来的双重打击，使张欣美陷入了进退两难的境地。新店的客流量远低于预期，经营成本却居高不下，加之沉重的贷款压力，让她顿时感到捉襟见肘。在反思中，张欣美深刻意识到自己在扩张决策上的疏忽——过于乐观地高估了市场形势，忽视了政策干预经济周期的影响，缺乏充分的风险评估与应对策略。

为了扭转局面，张欣美不得不采取一系列紧急措施，包括调整经营策略、优化成本结构、强化网络营销，以吸引更多顾客，但市场却不断下行。最终，因为贷款压力过大，资金无以为继，张欣美不得不将门店全部低价外兑，以偿还贷款。

◆ 投资进化指南 掌握影响经济周期波动的核心要素

经济周期虽有其内在规律，但市场方向却时常受到各种干预因素的影响。为了规避投资的风险，我们必须学会敏锐洞察并预判这些因素。以下是影响经济周期波动的关键因素，投资者应密切关注。

1. 把握政策风向，紧随政府步伐

政府的政策干预是经济周期波动的重要推手。无论是货币政策的调整、财政刺激措施的出台，还是行业支持政策的实施，都足以在市场上掀起波澜。投资者应时刻保持对政策动向的敏锐洞察，特别是在经济繁荣时期，更要警惕政府可能采取的调控措施。例如，当货币政策收紧时，企业融资成本上升，市场扩张势必受到抑制。此时，我们如果能够及时调整策略，避免盲目扩张或投资高风险行业，就能有效减少损失。

2. 全球经济形势与地缘政治，不容忽视的双重因素

全球经济形势和地缘政治事件同样对经济周期波动产生深远影

响。贸易战、国际冲突或全球疫情等突发事件，都可能改变市场的短期趋势。因此，投资者应具备全球视野，密切关注国际形势变化，提前评估其对自身投资的影响，以应对突如其来的干预因素。

3. 国际贸易，双边关系的晴雨表

国际贸易的发展状况直接影响到经济周期的波动。贸易顺差时期，国内经济欣欣向荣；而贸易逆差时期，国内经济则可能面临压力。因此，投资者应密切关注国际贸易动态，以调整投资策略。

4. 投资增长，经济增长的加速器

投资是拉动经济增长的重要力量，其波动直接影响投资行业经济形势的起伏。投资者应关注投资动态，把握市场趋势，以实现投资收益的最大化。

5. 消费需求，经济增长的基石

消费需求是经济增长的基石，其波动直接影响经济周期的运行。在消费需求旺盛时期，经济增长得以持续；而在消费需求疲软时期，经济增长可能受到制约。因此，投资者应关注消费需求的变化，以调整投资策略。

6. 技术进步，引领未来的航标

技术进步对经济周期同样具有深远影响。新技术的发展和应用能够推动经济增长，延长经济繁荣周期。投资者应多关注科技动态，把握市场未来发展趋势，以实现长期的投资收益。

看别人怎样投资，推断周期所处的现行阶段

在不同的经济周期阶段，投资者的行为模式呈现出显著的差异：在经济增长的繁荣期，投资者往往热衷于追逐高风险、高回报的投资机会，市场氛围热烈而积极；而在经济衰退时期，投资者则倾向于选择更为稳健的避险资产，持仓策略趋于保守。因此，通过观察市场上主流投资者的选择以及市场情绪的波动，我们可以捕捉到当前经济所处的阶段是上升、衰退还是低谷时期。

举例来说，当周围的人纷纷投入股票、基金或创业项目中，市场弥漫着浓厚的乐观情绪时，这通常是一个信号，提示市场可能已经进入繁荣的尾声，此时，市场泡沫或即将到来的调整可能正悄然逼近。而当大家都在谈论投资亏损，纷纷转向保守的投资策略时，这可能意味着市场已经接近底部，新的投资机会正在孕育。

◆ **投资研习录** **你对我像雾像雨又像风**

老陈涉足股市不久，便到了市场繁荣的尾声。彼时，人人都在

热议投资收益，甚至有朋友在短期内便实现了数倍的盈利。老陈欣喜若狂，误以为自己财运旺盛，于是毅然加大了投资力度，渴望在这波行情中大赚特赚。

然而，好景不长，随着市场泡沫的破灭，股市如同暴风雨中的老屋骤然崩塌。老陈手中持有的股票，不但未能给他带来预期的丰厚回报，反而如泡沫般迅速破灭，短短数月便大幅缩水。面对如此巨大的变化，老陈心头涌起一阵恐慌，四处求救般打听应对危机的办法。许多人选择割肉离场，还有一些朋友则转而投向黄金、债券等避险资产。

老陈焦急万分，急忙购买了一堆专业投资书籍，决心恶补知识以应对困境。在翻阅书籍的过程中，他逐渐领悟到，市场情绪已从最初的狂热转变为恐慌，投资者纷纷寻找安全的避风港。换言之，股市的繁荣期已成往事，市场正步入衰退甚至低谷期。此刻，盲目跟风购买高风险资产无异于火中取栗，危险至极。

经过深思熟虑，老陈意识到应摒弃短期攫取高额利润的念头，他转而开始关注那些长期稳健的投资机会。他并未急于全部抛售手中的股票，而是将账户中部分资金分散投入稳健的理财产品和一些高质量的科技企业中，用具备增长潜力且长期来看回报较高的产品，来对冲或补偿因股票市场波动可能造成的投资损失。同时，他开始储备现金，耐心等待市场真正回暖的那一刻。

◆ 投资进化指南 如何根据外界动态推断周期阶段

周期性的变化乃是经济运行的常态，然而，只要我们能够细致观察、理性分析，他人的投资行为便可以成为我们做出理智决策的重要参照。通过观察外界的投资行为，并据此洞悉市场的现状，我们便能在投资决策中避免在错误的时机盲目跟风，从而在经济周期的波动中保持更为明智的状态。

1. 谨慎对待市场上出现的投资狂潮

当周围的人争相购买股票、基金、比特币等高风险资产，甚至那些从未涉足投资的人也跃跃欲试时，这通常是市场繁荣期的一个显著特征。然而，这种疯狂的投资热潮往往也意味着市场已经接近周期的高点，泡沫正在逐渐形成或即将破裂。这种情形下，我们应保持高度警惕，避免在市场的高点盲目追逐投资机会。

2. 关注避险资产的受欢迎程度

当市场情绪由乐观转向悲观时，投资者往往会逐渐转向避险资产，如黄金、债券或定期存款。如果发现越来越多的人开始讨论如何规避风险，并纷纷涌向这些保守的投资工具时，可能意味着市场正处于衰退或低谷期。在这种情况下，投资者应审慎调整自己的投资组合，减少高风险资产的比重，以应对市场可能出现的风险。

3. 观察企业和创业项目的活跃度

另一个判断经济周期的指标，是市场上企业和创业项目的活跃度。在繁荣期，企业往往会扩大规模、扩张业务，抓住市场机遇；同时，创业项目也层出不穷，为市场注入新的活力。然而，当经济周期进入衰退阶段时，企业的扩张计划往往会被搁置，投资机构对新项目的兴趣也会明显下降。因此，当我们发现市场上的创业热潮逐渐冷却时，可能意味着经济正在步入衰退期。此时，投资者应采取更加稳健的投资策略。

记住，投资回报本身也具有一定的周期性

许多人容易受到短期回报数字的影响，一见到短期内收益下滑，便陷入焦虑，甚至开始质疑自己的投资策略。然而，市场中的周期性波动实属常态，市场回报也处于不断地循环之中。当我们深刻理解回报的波动性本质时，便能更加从容地应对这些市场起伏，而不是在市场低迷之际做出情绪化的决策。

投资的核心在于耐心与对市场周期的敏锐洞察。我们需要明白，短期的回报下滑并不意味着投资的失败，相反地，它是长期财富积累过程中不可或缺的一环。在市场不同的周期或阶段中，回报率会有所起伏，但只要我们坚持正确的投资方向，长期来看，回报将会稳步提升。

◆ **投资研习录** 时间会揭晓最终的答案

陈蔚数年前涉足投资领域，选购了一款股票型基金长期持有。

初期，市场风云际会，这只基金的收益率连续三个年头都达到了 10% 以上，这无疑为陈蔚的投资信心注入了强劲的动力。她摩拳擦掌，准备加大投入，期待收获更丰厚的回报。

然而，全球股市掀起一阵惊涛骇浪。陈蔚所持基金的回报率骤然下滑，甚至在短短一年间出现 5% 的账面亏损。眼见周围的人纷纷抛售股票型基金，陈蔚也出现一丝动摇，犹豫是否也应跟随潮流，赎回基金，另寻自己认为更为安全的投资方向。

不过，陈蔚并未急于做出决定，而是选择静下心来，深入钻研基金的历史业绩与市场周期的运作规律。她发现，尽管这只基金短期内经历了市场的起落，但拉长时间线来看，其平均回报率始终维持在较高水平。陈蔚顿悟，基金回报的下滑并非永续性的颓势，而是市场周期性波动的必然结果。于是，她毅然决定坚守长期持有的策略，不为短期内回报的起伏所动摇。

果不其然，随着市场环境的逐渐回暖，陈蔚所持基金的回报率也随之攀升，甚至超越了此前的巅峰水平。陈蔚领悟到，投资回报本身就蕴含着周期性的律动，只要耐心等待市场的复苏，最终必将收获更为丰厚的回报。陈蔚凭借理智与坚持，成功地在市场的波动中避免了情绪化的操作，实现了长期稳健的财富增长。

◆ 投资进化指南 如何在市场波动中守持长久回报

在资本市场风云变幻的浪潮中，抑或在追求企业与行业持久增长的征途上，耐心都是一种难以估量的珍贵品质。它赋予我们穿越市场迷雾的力量，只有保持耐心，我们才能携手并进共同成长，精准对接正确的赛道，并最终把握住属于未来的红利。真正的成功，往往青睐那些能够耐心等待的人。

1. 调整心理预期，拥抱波动

投资回报从不遵循直线轨迹，起伏跌宕方显市场本色。因此，投资的首要之务便是调整好自己的心理预期，坦然接纳收益的周期性波动。无须为短期的回报下滑而忧心忡忡，要尝试调整心态，保持冷静的头脑，要知道这是市场规律下的正常现象。投资之路漫漫，耐心与信念是指引我们成功的灯塔。

2. 长期持有优质资产

无论是股票、基金还是其他投资品种，优质资产在长期时间里往往能带来更稳健的回报表现。在回报周期性波动的海洋中航行，关键在于选对投资标的，特别是对那些蕴含长期增长潜力的优质资产更有信心。尽管它们或许会在短期内经历一些波动，但随着时间的推移，其回报率往往会恢复甚至超越之前的最高水平。

3. 坚守投资计划，不为市场波动所动

真正能够取得成功的投资者，往往是那些坚定不移地遵循长期投资计划的人。无论市场如何波诡云谲，只要投资方向正确无误，那么那些周期性的回报波动终将过去，我们只需耐心等待，静待市场复苏那一刻的到来，就能收获更为丰厚的长期收益。

第五章

特殊路径：

人弃我取，逆向投资往往指向高收益

能赚大钱的人，一定懂得在投资中逆向而动

　　财富获取的渠道不可能由群体掌握，从某种程度上说，趋势和群体共识反而会成为阻碍财富丰盈的绊脚石。卓越的投资者深知，从众投资难以取得高额回报，因此他们会尽量避免。市场的钟摆式摆动和周期性特征决定，想要取得高额回报，就要学会逆向投资。

　　逆向投资是卓越投资者的一项重要技能。跟随大众投资潮流只会使我们陷入市场的波动之中，这种波动往往因外界因素和自身行为的影响而更加剧烈。我们必须学会在人群恐慌时保持冷静，用高超的技巧、敏锐的洞察力和理性的定力来避免盲从。

◆ 投资研习录　他人恐惧我贪婪，这是最美的一刻

　　2011 年，金融行业动荡不安，巴菲特决定对美国银行进行投资。伯克希尔公司购入了价值 50 亿美元的美国银行优先股，并因此获得了每年 6% 的固定分红收益。此外，伯克希尔公司还获得了认购权证，

这种权证赋予了伯克希尔公司，可以在 2021 年以前，以 7.14 美元的价格购买美银 7 亿股普通股的权利。

巴菲特的投资总是与众不同，常常反市场而行之，这恰恰体现了他的投资理念——"别人恐慌时我贪婪"。当然，他应该还有一句话没有明说——贪婪也要讲究方式方法。

到了 2017 年，伯克希尔公司提前行使其在美银的 7 亿股权证。这一操作并不常见，因为提前行权通常会损失期权的时间价值。然而，由于美国银行的业绩恢复出色，甚至开始计划增加普通股派息，这使得 7 亿股普通股的股息收益超过了 50 亿美元优先股的股息。考虑到这样的利好形势，巴菲特果断决定行权，实现了巨大的盈利。更妙的是，行权并不需要伯克希尔公司额外支付现金，因为 $7.14 \times 7 = 49.98$，正好可以以 50 亿美元的优先股来置换这 7 亿股普通股。这样一算，伯克希尔公司不仅收回了初始投资，还在美银身上赚取了巨额利润。

◆ 投资进化指南 如何在投资中逆向而行

在过去 60 年的投资生涯中，巴菲特取得了前无古人后无来者的投资回报。正是因为在每次市场大跌的时候，巴菲特敢于抄底，敢于底部布局，所以才能获得超额收益。

当然，逆向投资并不是盲目逆行，而是要有深刻的市场洞察力和独立的判断力。

1. 把握市场情绪脉搏，精准择时入场

逆向投资首先在于精准择时，即在市场普遍陷入极度悲观、恐慌情绪弥漫之际悄然布局。这要求投资者不仅具备冷静的心态，更需深入洞察市场本质，避免在市场尚未触底的"半山腰"盲目抄底。若市场弥漫着普遍的绝望，信心缺失，或许正是我们运用逆向思维，寻找价值洼地的黄金时刻。

2. 精选优质资产，构建稳固投资组合

逆向投资的核心，在于精选那些有发展潜力的优质资产。这些资产通常拥有坚实的基本面、良好的业务模式以及可持续的增长潜力。无论是股票、债券、基金还是其他投资品种，投资成功的关键都在于识别并投资于那些长期来看能够穿越周期、价值回归甚至创出新高的资产。避免陷入垃圾资产或短期炒作的陷阱，坚守价值投资的理念，是逆向投资策略成功的关键。

3. 耐心持有，静待花开

"时间是最好的朋友。"这句话用在逆向投资中尤为贴切。底部布局之后，投资者须具备足够的耐心与定力，持有入手投资的产品直至市场回暖、价值显现。正如历史所证明的，许多卓越的投资机会往往需要时间的酝酿与沉淀。投资者应认识到，市场不会永远处于低谷，优质资产的价值终将得到市场的认可。因此，耐心持有，静待花开，是逆向投资不可或缺的一环。

市场不景气，更有助于找到最佳投资的时机

　　市场蓬勃的时候，人人皆想分食这块诱人的蛋糕，导致资产价格飙升，众多投资机会变得稀缺且昂贵。当市场陷入低迷时，情况则截然相反。投资者的恐慌情绪会进一步加剧，众人慌乱撤离，导致资产价格不断下跌，资金大量外流，甚至一些原本优秀的投资标的也被市场低估。

　　另外，不景气的市场会无情地淘汰那些经营不善或仅依赖短期热潮的公司，而留下的则是那些更为稳健、具有长远发展前景的企业和投资标的。可即便是这样优质的投资标的，市场的恐慌情绪也会使众多投资者避而远之，显然，这正是我们可以低价入场、未来获取高额回报的绝佳时刻。

◆ 投资研习录 **牛市生于悲观，死于狂热**

　　当市场陷入压抑，悲观情绪横行无忌时，人们总会不由自主地

想起那位逆向投资大师——约翰·邓普顿，以及他那句振聋发聩的名言："牛市生于悲观，长于怀疑，成于乐观，死于狂热。"

2006 年，邓普顿携手巴菲特、格雷厄姆等投资巨擘一同荣获《纽约时报》评选的"20 世纪全球十大顶尖基金经理"殊荣。《福布斯》更是盛赞邓普顿为"全球投资之父"及"历史上最成功的基金经理之一"。这些荣誉足以证明邓普顿在投资界的声誉之隆、地位之尊。

与格雷厄姆相比，邓普顿同样坚持以价值投资原则为本，但他对逆向投资的强调和擅长却独树一帜。他像巴菲特一样，更喜欢在市场极度悲观时逆流而上。

"二战"结束后，日本一度被贴上了廉价劣质品制造国的标签，这让美国投资者普遍持嫌弃态度，不愿将资金投向日本市场。然而，邓普顿却通过深入调研，独具慧眼地发现了日本快速推进工业化进程的巨大潜力。当时，日本股票所表现的市盈率极低，但经济增长率却极高，这说明，日本市场被严重低估。于是，邓普顿毅然将自己的积蓄投入日本股市。

1956 年，日本工业化进程的成效开始逐渐显现。到了 1960 年，日本经济的平均增长率已高达 10%，而美国仅约为 4%。这意味着，在当时，日本的经济增长速度已经是美国的 2.5 倍。与此同时，日本许多股票的价格却比美国股票平均价格低了 80%。

然而，当时多数美国投资者对日本的印象仍停留在战败国的标签上，普遍认为日本的商业实力无法与美国相提并论。这些刻板印象使得他们一叶障目，忽视了日本经济和股市的巨大转变。邓普顿却能够透过这些表象，看到日本的潜力和未来。

邓普顿始终密切关注着日本方面的动态，并积极研究相关政策。当日本政府宣布取消对国外投资者撤资限制的政策时，他立即将所持有的客户的资金一并投入日本股市中。

随着时间推移，日本股市开始一路飙升。在邓普顿投资日本的前30年内，日本股票市场指数实现了令人惊叹的涨幅，东京证券交易所的东证股价指数足足增长了36倍。邓普顿基金在日本股市中也斩获了丰厚的回报。

◆ 投资进化指南 如何在不景气的市场中找到有潜力的产品

虽然在市场低迷时期做出投资决策需要勇气和坚定的信心，但这个时期往往也是最能收获丰厚回报的时候。把握住这些被市场低估的机会，能够为未来市场复苏时为自己获取丰厚利润奠定坚实的基础。正如那句老话所说，"危机中蕴含着机遇"，关键在于能否在最困难的时候洞察前方的光明。

1. 低成本、高性价比的商品和服务

在经济不景气的时候，人们往往会精打细算，减少不必要的支出，转而寻求性价比高的商品和服务。例如，二手市场在这个时期可能会迎来新的生机。人们更倾向于购买价格更低且品质仍可接受的二手商品。此外，提供优惠服务的平台也可能受到欢迎，如团购网站、折扣店等。

2. 创新型业务

经济不景气往往促使企业和个人寻求创新，开拓新的市场。例如，2019 年以后，线上教育、远程办公等行业迅速崛起。这些创新型业务不仅满足了市场需求，也为经济发展注入了新的活力。

3. 必需品行业

即使在经济不景气时期，人们对于必需品的需求仍然存在。例如，食品、医疗保健、日用品等行业可能会相对稳定，甚至出现增长。在这个时期，关注并投资于这些行业会是一个不错的选择。

发现冷门：如何成为眼光独到的投资人

作为市场"蓝海"中的隐秘瑰宝，冷门领域的魅力远不止于表面的低关注度和低竞争态势。它们如同未被充分探索的宝藏，等待着有识之士的智慧之钥来开启其无限可能。低成本进入的特性，让初创企业和个人投资者得以轻装上阵，用有限的资源撬动更大的市场潜力，避免了在"红海"市场中与"大鳄"进行资金与资源的激烈较量。

冷门领域的高成长潜力，如同一颗沉睡的种子，在适宜的环境下能迅速生根发芽，茁壮成长。随着技术的突破性进展、政策的利好引导或消费者需求的悄然变化，这些领域可能一夜之间成为市场新宠，为早期布局者带来意想不到的丰厚回报。这种跨越式的增长，不仅体现在经济利益的激增上，更是对个人眼光与勇气的高度肯定。

此外，冷门领域为差异化竞争提供了天然土壤。在这里，个人投资者和企业可以根据自身特点和市场需求，量身定制投资、发展策略，从而在激烈的市场竞争中脱颖而出。这种差异化不仅是对竞争对手的超越，更是自我价值的一种实现。

◆ 投资研习录 在金子之外找到"金子"

淘金热潮汹涌的年代，无数怀揣着黄金梦的淘金者不畏艰辛，跋山涉水前往西部荒野挖掘金矿。他们面临的不仅仅是恶劣的自然环境和艰苦的劳动条件，更难以忍受的是日常生活用品的极端匮乏，其中最难克服的就是饮水问题。由于采矿地点通常远离水源，且当时基础设施极其简陋，许多淘金者连最基本的饮水需求都难以得到满足。

有淘金者一边抱怨环境恶劣，一边表示："只要能喝上一口凉水，我愿意拿出一块金币！"

类似的抱怨声此起彼伏，马上就有人出声附和："我愿意出三块金币！"

显然，淘金者们在极端困境下对水资源的渴望到了近乎疯狂的地步。

在牢骚四起、抱怨连天的人群中，有一位年轻人却从中捕捉到了商机。他敏锐地意识到，相较于挖掘黄金，解决淘金者们的饮水问题可能更具实际价值和市场潜力。于是，他毅然放弃了自己原本的淘金梦，转而去打井取水、修筑水渠。

起初，年轻人的举动遭到了众多同伴的嘲笑："放着挖金子、发大财的事情不做，却去捡这种蝇头小利。"但这位年轻人却坚定地走着自己的路，他带领一个工人团队，用原本挖金矿的铁锹挖掘出水渠，再将清冽的山谷溪流引向干燥的矿区，最终成功将干净水源运送到每一位口渴难耐的淘金者手中。很快，他就积累了丰厚的财富。

◆ 投资进化指南　如何成为眼光独到的投资人

成为眼光独到的投资人，是一场既充满挑战又极具魅力的旅程。它要求我们不仅要有敏锐的市场洞察力，还要有坚定的信念、勇于创新的精神和稳健的投资策略。在这个过程中，我们或许会遇到挫折和失败，但正是这些经历让我们变得更加成熟和坚韧。

1. 广泛学习，跨界融合

多元化阅读：关注科技、经济、政策、文化等多个领域的最新动态，拓宽视野。

参加行业交流：通过研讨会、论坛等形式，与业内专家及同行交流，获取第一手信息。

2. 深入调研，独立思考

实地考察：亲自前往项目现场或市场一线，了解真实情况。

数据分析：利用大数据、人工智能等工具，对数据进行深度挖掘和分析。

批判性思维：不盲目跟风，对信息保持怀疑态度，进行独立思考和判断。

3. 勇于创新，灵活应变

鼓励创新：在投资过程中积极支持创新项目和技术，推动产业升级。

快速迭代：根据市场反馈及时调整投资策略和项目方向，保持灵活性。

跨界合作：寻求与其他行业的合作伙伴建立战略联盟，共同开拓市场。

"便宜货"的价值，在于其不合理的低价位

所谓"便宜货"，是指那些被市场不合理地低估的资产。受市场情绪和短期波动的影响，一些优质资产的价格常常会出现大幅下跌，然而，这正是投资者捕捉投资机会的大好时机。低价并不一定意味着无价值，相反，它可能意味着市场的过度反应或对某些基本面因素的忽视。

许多底蕴深厚的大企业，往往也会在某一段时间因为各种因素陷入低谷，股价暴跌。真正聪明的投资者会抓住这样的机遇，挖掘潜在价值，因为他们看重的不是短期市场表现，而是其长期的基本面和持续增长潜力。只要资产的内在价值远高于当前市场价格，那么这些"便宜货"便具备了极高的投资价值。

关键在于，投资者能否透过短期价格波动，洞察资产背后的真实价值。

◆ 投资研习录 在二手市场里面"挖呀挖呀挖"

自 2020 年之后，国内房地产、钢铁、水泥等行业的发展受阻，未能如预期般带动与之相关的行业——工程机械行业的旺盛需求，致使工程机械产品的销量遭受了一定程度的下滑。与此同时，产品原材料市场价格在高点附近徘徊，无疑加剧了企业的成本负担，整个行业也因此承受着越来越大的下行压力。加之国内工程机械行业正处于下行调整周期之中，其市场规模的增长受到了显著限制。

在这样的宏观经济背景下，不少制造企业因经济不景气和需求减少而被迫关闭，进而导致大量二手设备以较低价格流入市场。然而，这些设备常被视为过时产品，缺乏投资吸引力，因而难以引起市场的太大兴趣。

然而，曾在著名钢厂任职的徐敬礼先生，深知机械设备生命周期很长，许多设备虽然外观陈旧，但只要保养得当，其内在价值依然可观。他敏锐地察觉到，这是一个难得的商机。

经过对市场的深入调研，徐敬礼发现，实际上许多中小型制造企业对二手设备有着潜在且强烈的购买意愿，只是受制于当前经济形势不佳，采购计划被迫暂时搁置。

于是，徐敬礼以此前难以想象的低价，果断购入了一批高质量的二手机械设备。他并未急于将这些设备直接出售，而是先进行了精心的检修和改造，使它们焕发出新的生命力。同时，他还创立了一个线上租赁平台，将这些检修过且能正常运转的设备出租给那些有短期需求但又对投资新设备持谨慎态度的企业。

到了 2024 年年初，随着经济环境的逐步回暖，中小企业的生产需求也开始恢复增长，但新设备的高昂价格仍令许多企业望而却步。此时，徐敬礼的二手设备因其性价比高而成了市场的热门之选。通过低价购入、高价出租和出售的策略，徐敬礼成功把握住了这一市场机遇，实现了丰厚的利润回报。

◆ 投资进化指南 如何识别并抓住不合理低价的投资机会

廉价并不等同于缺乏价值，关键在于我们能否洞察价格背后所隐藏的真实潜能。当我们遭遇那些被市场"忽视"的低价资产时，切勿轻易放过。深入剖析其内在价值与未来潜力，我们或许会发现，其中正蕴藏着一个不合理的低价"宝藏"。

1. 剖析内在价值，超越市场情绪的波动

当市场价格经历大幅滑坡时，投资者首要之务是冷静地评估标的的真正内在价值，而非被市场的短期情绪所左右。很多时候，价格的下跌源于市场短期的恐慌或负面情绪的蔓延，而非资产实际价值的缩减。若我们能深入剖析，洞察到资产内在价值的稳固性，那么所谓的"廉价"，便很可能就是我们获取丰厚回报的潜在机遇。

2. 耐心等待价格回归合理区间

投资市场低估资产，投资者需耐心等待市场纠正。低价并不意味着立刻能获取利润，市场情绪的反转和价格回归至合理水平需要一定的时间。因此，投资者应做好长期持有的心理准备，静待市场

恢复理性，价格回归至公正水平。当市场情绪趋于稳定时，那些被低估的资产往往能带来超越预期的丰厚回报。

3. 关注特殊领域的"被忽视宝藏"

在某些特定的领域，市场往往会短暂地忽视一些尚未受到热捧的资产，比如二手设备、老旧技术，或是冷门行业中的优质公司。这些资产在特定市场环境下价格被压制得相对较低，但一旦市场需求出现回升，其价值将迅速被市场所发掘。投资者可以深入研究这些被市场忽视的领域，寻找那些价格严重被低估的"宝藏"，从而实现逆向投资的策略，稳稳地抓住市场的脉搏。

面对泡沫，务必要拿出舍得割肉的勇气

在投资市场中，有一个令人纠结不已的抉择——"割肉"，时常成为投资者难以逾越的鸿沟。所谓"割肉"，即在市场泡沫行将破灭之际，投资者必须忍痛割爱，将那些已现亏损或有巨大潜在风险的资产果断割舍。这一抉择的痛苦之处在于，它要求我们必须直面自身的错误，摒弃侥幸心理，同时承受可能到来的损失。

泡沫的滋生，往往源于市场过度的乐观情绪，使得资产价格被推高至远超其实际价值。在这样的市场环境下，许多投资者会盲目跟风，加大投资，以期赚取更多的利润。然而，当泡沫破裂的那一刻，对于那些在市场断崖式下滑，没有及时"割肉"的投资者来说，损失会如同滚雪球般越积越大，最终可能让自己血本无归。

◆ 投资研习录 **当断则断，不断则乱**

近年来，全球范围内掀起了一股科技创新的热潮，特别是人工智能与大数据领域，吸引了无数资本竞相追逐。科技板块的股价仿佛插上了翅膀，节节攀升，众多投资者纷纷拥入，探讨如何在这场"科技革命"的浪潮中捕获丰厚的回报。陈海光紧跟时代步伐，投资了几家专注于人工智能和大数据技术的公司的股票。起初，回报之丰令人咋舌，仅仅数月间，这些公司的股价便实现了惊人的涨幅。

然而，好景不长，陈海光逐渐察觉到这些公司的市盈率已远远偏离了理性区间，市场估值显得异常高昂。尽管心中仍抱有一丝期待，认为股价或许还能继续攀升，但面对铺天盖地的关于科技行业无限潜力的赞誉之声，他开始感到不安，对于是否应该继续持有这些股票产生了深深的疑虑。

一次与友人的聚会中，一位投资界的资深前辈不经意间提及市场可能已踏入"泡沫区域"。这句话如同一盆冷水，让陈海光猛然清醒，他开始重新审视自己的投资组合。尽管内心不愿承认，但深入分析这些科技公司的基本面后，他不得不承认，公司的实际盈利能力与股价所展现的繁荣景象之间存在着巨大的鸿沟。

在深思熟虑之后，陈海光做出了艰难的决定，他选择在市场情绪尚未全面转冷之前，果断减持了大部分科技板块的股票。这一举动虽然让他错过了短期内股价继续攀升的机会，但不久后，随着市场对科技行业过热现象的理性回归，那些曾经炙手可热的股票纷纷出现大幅下跌。陈海光的许多朋友因为贪恋更高的收益，没有及时脱身，最终遭受了重大损失。

而陈海光则凭借自己的果断与理性，成功规避了潜在的风险，保住了投资本金，并将资金转向了更为稳健的投资领域。

◆ 投资进化指南 怎样"割肉"才能尽量减少损失

在武侠作品中，常常出现这样惊心动魄的一幕：英勇的大侠在激战中，不慎中毒，为防止毒素蔓延至五脏六腑，他会毫不犹豫地挥剑砍去中毒的手脚。那锥心刺骨的痛楚，无疑是对意志的严峻考验，但正是这种果断与坚韧，让他得以从死神手中挣脱，保全生命。市场亦如江湖，危机四伏。我们难免会在云谲波诡的市场中操作失误。在这种情况下，懂得及时、有效地止损，保住资产，我们才有资格继续在投资市场博弈下去，才有机会成为真正的投资高手。

1. 识别泡沫的信号

投资者必须学会识别市场泡沫的信号。泡沫通常伴随着资产价格的大幅上涨、市场情绪极度乐观以及超出实际价值的估值。比如，市盈率过高、公司实际盈利无法支撑股价等都是泡沫的典型特征。当你发现市场上到处都是"快速致富"的声音，或者人人都在追逐某种资产时，往往意味着泡沫即将形成。这时，应保持冷静，并开始考虑逐步退出高风险资产。

2. 设定清晰的退出标准

在泡沫时期，情绪波动和市场热潮可能会影响你的判断。因此，提前为自己设定明确的退出标准，比如股价达到某个市盈率或达到某个预期目标时无条件卖出。这个标准能帮助你在面对市场波动时保持理智，避免因短期涨跌而犹豫不决。设定退出标准后，要严格执行，即使市场情绪依然火热，也要敢于卖出。

3. 分步退出，逐步减持

在泡沫期，你可以采取分步退出的策略，而不是一次性全部卖出。这样可以平衡风险，避免因判断失误而错失更多机会或者造成巨大损失。通过逐步减持，你可以在泡沫膨胀时减少持仓，确保即使市场持续上涨，你依然有参与的机会，而当泡沫破裂时，你的风险敞口也得到有效控制。

别人的吸金体质是怎样练成的

　　我们常常听到关于企业家们独到投资并获取巨额收益的传奇故事，或是普通人士通过投资实现逆袭而成为富豪的励志事迹，这些故事常常为我们喜闻乐见。这些成功的案例似乎隐含着一种神秘且难以名状的能量——一种仿佛能让人在经济领域乘风破浪、轻松捕获财富的能量。具备这种能量的人，在普通人看来，似乎具备"吸金体质"。然而，这并非什么超凡脱俗的天赋异禀。

　　所谓"吸金体质"，其核心在于个体在思维认知、行为模式和日常习惯上严格遵循财富积累的内在规律，能够敏锐地识别并精准地把握投资机会，从而在财务上实现稳健且持续的增长。这一过程涉及多方面的因素。

　　"吸金体质"无法一蹴而就，它需要我们坚持不懈地遵循正确的原则、采取有效的行动，持续学习并不断调整策略，最终形成一种自然而然吸引财富的能量场。这种能量源自我们对投资的深入理解和敏锐洞察，以及对金钱的理性态度和正确观念。

◆ 投资研习录 苏格拉底的财富论

"我觉得现在的生活也挺好，收入能够自给自足，养家糊口，所以对生活好像也没有太大的野心。虽然偶尔也会想，如果能一夜暴富该多好啊，咱也享受一下有钱人的生活。但我也知道，这样的想法不现实，所以，一切顺其自然就好了。"

这是赵伦的财富观，他并不强求财富的降临，一切顺其自然。然而，在他淡然的心境之下，也透露出对财富的向往与渴望。可是，赵伦这种略显"听天由命"的态度，能实现财富增值的愿望吗？

概率微乎其微。不过，先哲苏格拉底也许会给赵伦这样的人一些启发。

有一次，一位年轻人向苏格拉底请教："我该如何才能获得成功呢？"

苏格拉底并未立即给出答案，而是将他引至一条小河边，随后出其不意地将他的头按入水中。年轻人惊恐万分，本能地挣扎起来，但苏格拉底始终没有放手。直到年轻人用尽全身力气，才得以挣脱。

这时，苏格拉底笑着看向年轻人，问道："刚才，你最想得到什么？"

年轻人惊魂未定，喘着粗气回答："我……我最需要的……是空气。"

苏格拉底听后，意味深长地说："如果你对成功的渴望能像对空气的渴望那样强烈，那么你就会取得成功。"

◆ **投资进化指南** **怎样将自己培养成"吸金体质"**

苏格拉底以其非凡的智慧，启迪世人：想要获取成功，必须先点燃内心对成功无尽的渴望。换言之，我们做投资，若想摘取盈利的果实，首要之举是培养成功投资的思维模式与行为习惯。当我们具备正确的理念与行动策略时，就如同置身于一个强大的引力场，会吸引财富如溪流般自然而然地流向自己。

培育出"吸金体质"，意味着在财富累积的过程中，我们将走得更加顺畅，使努力事半功倍。这不仅仅是需要掌握高效的赚钱技巧，更深层次的是，我们需要学会与金钱建立和谐共生的关系、学会在金融行业的起伏中保持定力，学会在追求财富的旅途中不断促进自己成长。

1. 深爱财富

拥有对财富的深切热忱。当机遇涌来，当机立断，毫不犹豫地扬帆起航，全力以赴去追逐财富。有这样的特质，才能如磁铁般吸引财富。

2. 坚信自己能够创造财富

不要自我设限，比如"我不善于理财啊"，消极观念只会成为财富航程中的阻石。坚定信念，相信自己拥有创造财富的无限可能，让自信成为航船最坚实的帆，引领我们驶向财富的广阔海洋。

3. 像企业家一样思考

培养敏锐的商业眼光，紧跟市场脉搏，洞悉每一个商机。以战略家的眼光审视全局，权衡利弊，做出明智的投资决策。勇于尝试，敢于创新，不拘泥于短期利益，而应追求长远的繁荣。做自己事业的舵手，引领团队破浪前行，共同创造辉煌成绩。

4. 结交志同道合的朋友

择善而交，构建积极的人际关系网，与志同道合的伙伴携手前行。选择与热爱财富、精于投资、追求卓越的人做朋友，彼此激励，共享资源与信息。一个充满正能量和潜力的社交圈，是财富增长不可或缺的助力。

5. 理性消费，智慧理财

学会驾驭金钱，而非被其奴役。控制冲动购买，辨识真实需求与欲望的区别，避免无谓的浪费。同时，培养理财意识，制订切实可行的预算与投资计划。将资金投入到能带来增值与实现梦想的领域。

6. 培养逆向思维习惯

勇于质疑，勇于探索未知。培养一种习惯：凡事多问几个为什么，寻找不同的解决路径。这种逆向思维有助于我们发现常规之外的财富机遇，开辟出通往成功的新航道。

第六章
预测算法：

发现『聚宝盆』，需要微观洞察力

务必要读懂投资目标商业模式的获利性能

市场有时会呈现出一种表象，看似繁荣，却隐藏着欺骗。一些企业或许依赖于一次性的销售热潮或短期的市场炒作，让自己看上去如日中天，但这种模式往往难以支撑长远、稳健的发展。无数沉痛的经验教训告诉我们，只有那些拥有稳定收入来源、客户依赖程度高和成本控制能力出色的企业，才是真正值得长期投资的优质标的。

在决定投资之前，我们必须拿出足够的时间去深入剖析投资目标商业模式的获利能力，避免被表面的繁华所迷惑，从而忽视背后可能潜藏的风险。深入了解一个企业商业模式的获利性能，能够帮助我们准确判断其是否能在市场的风雨洗礼后依然屹立不倒。只有那些具备稳定盈利模式的企业，才能为我们带来持久的财富增长。

◆ **投资研习录** **不要只相信自己的眼睛**

在市场下行之际，李放独辟蹊径，认为餐饮行业在此刻更具投资价值。毕竟，衣食住行乃人之根本，餐饮行业始终有其存在的必要性。当时，市场上有两家快速扩张的餐饮品牌。一家主打快餐模式，凭借高客流量和低价策略，新店开业即时出现了顾客爆满的盛况；另一家则定位高端，价格虽高，但致力于提供健康、高品质的饮食体验，因此拥有较高的客户忠诚度。

李放虽然初时被快餐品牌的热闹场景所吸引，但他并未仓促决策，而是深入研究了这两家店的商业模式。他发现，快餐品牌虽然看似生意兴隆，但实际上利润微薄。高昂的租金、众多的员工以及频繁的折扣活动，使得每餐的利润变得非常有限。更糟糕的是，一旦附近出现新的竞争者，顾客极易流失。

相比之下，那家高端餐饮店虽然没有排队等候的场面，但每位顾客的消费额更高，且多数为回头客。更为关键的是，该品牌在成本控制方面表现出色——店面选址并不一定在最昂贵的地段，菜单精简且原材料可控，这使得其毛利率较高。

经过深思熟虑，李放选择了投资高端餐饮品牌。几年后两家店铺的发展状况证明了他决策的正确性。快餐品牌因不断扩张导致经营成本上升，最终不得不关闭部分门店。而李放投资的高端餐饮则凭借稳定的客户群体和可持续的商业模式，在激烈的市场竞争中脱颖而出。

◆ 投资进化指南 如何评估投资标的的盈利能力

短期的火爆并不代表商业模式的稳健。投资时，我们必须看清所投企业能否通过合理的模式维持长期盈利，而不能被眼前的热度迷惑。只有真正具备长期盈利能力的企业，才能为我们提供稳健的投资回报。

1. 看收入来源是否稳定

了解企业靠什么赚钱，是判断商业模式的第一步。企业是依赖于单一的收入来源，还是有多元化的收入渠道？比如，一家企业如果只靠一两个大客户，那它的风险就很高。而那些拥有多元收入渠道、可以在多个市场中盈利的企业，往往能应对市场波动，具有更强的抗风险能力。

2. 注意成本控制

即使一家企业看似收入很高，但如果成本控制不好，最终利润可能很低。企业的运营成本、市场销售开支、人工和物料费用等，是评估商业模式获利能力的关键。那些能够有效控制成本的企业，往往更具竞争力，尤其是在市场下行时能保持稳健运营。

3. 客户留存率很重要

商业模式的可持续性还在于能否吸引并留住客户。一家企业如果不断需要高成本获取新客户，无法形成客户忠诚度，那它的盈利能力就会大打折扣。投资时，选择那些能通过优质服务和产品维持高客户留存率的企业，会为你带来更稳定的回报。

精搜信息，全面评析投资目标 "爆雷" 系数

投资的主要目的是获利，没有谁愿意看到自己的投资不仅没有带来预期的回报，甚至连本金都亏得分文不剩。

事实上，在投资市场中，"爆雷" 事件时有发生，一些风险可能尚未显现，但并不代表它不存在。那些未爆的雷，同样具有潜在的危险性。而且，现在没有爆雷并不意味着未来不会爆雷。投资者务必谨慎选择，远离那些危险标的，市场上有很多优质标的供我们选择，我们为何非要在 "雷堆" 里寻找投资目标呢？

投资最重要的事——先算风险，后看收益！

有位投资大师说过这样一句至理名言："第一，不要亏损；第二，永远记住第一条。"

◆ 投资研习录 压死 Celsius 的最后一根稻草

2022 年 6 月 13 日，加密货币收益平台 Celsius 突然宣布暂停提

领功能，导致所有用户资产被锁死，无法取出。若以传统金融市场作比拟，此举犹如银行突然关闭提领业务，使客户的存款无法取现、无法转账，甚至无法拿回属于自己的资产。

Celsius 的业务模式相对简单，即收取用户的加密资产，并提供固定的报酬率。同时，它还将用户的加密货币贷款给有需求的机构，以收取更高的利率。这种模式类似银行的主要借贷业务，通过赚取利差来获利。

曾几何时，Celsius 风头无两，成立短短五年时间，便跻身行业巨头之列。

其实，在 Celsius 宣布停止提领前几天，爆出过两个令人震惊的消息。

第一， Celsius 保管的客户资产遭受了损失。然而，官方并未公布这一消息，这无疑对其信誉造成了严重损害。

第二，Celsius 使用用户的资产进行投资，但其风险控制机制并不完善，存在被攻击的风险。

这些爆料让用户们开始担心自己的资产安危，开始纷纷选提领资产。于是，银行类机构最害怕的事情——挤兑发生了。正常的银行机构，都会有一个风险控制机制，也就是存款准备金率，用以应对挤兑现象。但 Celsius 没有受到银监部门完整严格的监管。当流动性不佳时，Celsius 只能选择冻结提领功能，启动紧急应对措施。

◆ 投资避险指南 **如何全面评估投资目标的"爆雷"系数**

评估一个投资目标的"爆雷"系数，提前识别潜在风险，避免投向那些随时可能崩溃的项目，是每个投资者必须掌握的技能。通过提前分析投资目标的稳定性和可能的风险点，我们可以及时在泡沫破裂前抽身，避免陷入投资陷阱。

1. 观察企业经济商誉

良好的企业经济商誉是企业良好形象及顾客对其好感度的体现，它源于企业优越的地理位置、良好的口碑、有利的商业地位、和谐的劳资关系以及高效的管理模式。因此，高经济商誉是企业竞争力的有力证明。

2. 关注会计商誉

会计商誉是反映在会计报表上的商誉，主要是企业在收购、并购其他企业时形成的净资产溢价。例如，当企业收购一家净资产为2亿元的企业，但支付了8亿元的收购价格时，会计报表上将记录6亿元的商誉（8亿 −2亿）。企业收购支付的价格越高，商誉的数值就越大。然而，会计商誉高也可能意味着企业存在潜在的风险。

3. 留意财务报表中的异常信号

财务报表是企业健康状况的重要晴雨表，但其中也可能隐藏着一些异常信号。投资者应特别留意企业的负债情况、现金流状况以及利润结构。如果企业负债过高或过度依赖短期融资来维持运营，那么可能存在爆雷的风险。同样，如果企业收入增长迅速，但利润率持续下滑，这也可能意味着企业内部运营出现了问题。

4. 关注管理层变动和运营模式的可持续性

管理层的稳定性和领导能力对企业长期发展至关重要。如果公司管理层频繁变动或运营策略朝令夕改，往往会影响公司未来的走向。投资者应通过企业公告、市场新闻等渠道关注管理层的变化情况，避免投资那些内部动荡的公司。此外，如果企业的运营模式过于依赖短期市场机会或投机行为，也应警惕其未来的可持续性风险。

5. 利用外部信息源判断市场环境的变化

仅仅依靠企业内部信息是远远不够的，投资者还需要结合市场环境的变化进行分析。例如，政策调整、技术革新或市场饱和度都可能对企业未来发展产生重大影响。通过阅读行业报告、关注政府政策动向以及了解竞争对手的市场策略，我们可以更全面地认识投资目标，避免因外部环境变化导致的投资风险。

使用市盈率给投资目标估值，要多方衡量

企业的优劣并非一目了然，而是隐藏在复杂的运营数据之中，需要通过深入剖析专业的财务指标才能揭示其真面目。财务会计，作为企业运作的"语言"，倘若投资者缺乏基本的"解读者"能力，就只能停留在"投机"的层次上，难以迈入价值投资的门槛。

在投资市场，估值是衡量一个项目或一家企业是否值得投资的关键环节。而市盈率（PE）则是一个简洁而常用的估值指标，其计算公式为：市盈率（PE）＝股票每股价格／每股净利润＝公司市值／公司净利润（投资的回本年限）

通常而言，市盈率较低的企业，其股价相对于盈利能力被低估，而较高的市盈率可能意味着股价被高估。然而，我们也需要明确，高市盈率并不一定是坏事，它有时反映的是市场对企业未来增长的高度期待；而低市盈率也并不一定意味着企业面临困境或市场信心不足。

因此，市盈率这一指标可以作为一种否定企业投资价值的方法，但并不能作为定量衡量企业安全边际的唯一依据。

◆ 投资研习录 狮子集团的市盈率启示

假设有一家公司，叫狮子集团，一直深耕于超市行业，起初专注于线下超市业务，坚持为消费者提供日常低价商品。其市值稳健地保持在 10 亿元水平，年利润贡献稳定在 1 亿元，这样的业绩使得狮子集团的市盈率呈现出 10 倍的态势。

然而，狮子集团的视野并不止步于现有业务。当集团决定进军线上超市及外卖配送市场时，市场投资者瞬间看到了新的利润增长点。预期中的业绩提升吸引了众多投资者拥入，股价在业绩尚未实质性改变之前便上涨，推动市值攀升至 13 亿元。

尽管狮子集团年报显示的净利润仍维持在 1 亿元，但市盈率已从原先的 10 倍跃升至 13 倍。这一现象揭示了一个深刻的道理：股票价格和估值并非仅仅取决于企业当前的实际业绩，而是反映了市场对未来发展的预期。

透过狮子集团的市盈率变化我们可以看出，投资者选择买入股票，是基于对未来前景的乐观预期；反之，则可能因不看好而选择卖出。因此，市盈率的升降并非绝对衡量股票好坏的标准，它可能因市场热度的短暂高涨而推高，反之亦然。

◆ 投资避险指南 如何正确客观地使用市盈率进行目标估值

显然，单纯依据市盈率来评估投资目标是不周全的，投资者必须结合公司未来的增长潜力与盈利能力，综合考量企业的财务状况、市场地位，进行全面分析，从而做出更为审慎的判断。

1. 审视滚动市盈率

市盈率可分为静态市盈率、动态市盈率与滚动市盈率三种类型。其中，静态和动态市盈率所反映的数据客观性不足，对普通投资者而言，其投资决策意义相对有限。而滚动市盈率则能更为准确地体现实时数据，更具参考价值。

通过下面这个案例分析某消费电子龙头的估值逻辑。截至 2023 年第 3 季度，某全球消费电子龙头公司股价为 150，最近四个季度每股收益（EPS）为 3.50，滚动市盈率（PE TTM）= 150 ÷ 3.50 ≈ 43 倍。横向对比行业均值（25-30 倍），其估值溢价明显，但需结合业务特性判断合理性：该公司拥有核心技术专利壁垒、高毛利率（约 40%）及稳定现金流，支撑了市场对高端产品线的乐观预期。纵向看，其过去十年滚动市盈率中位数约 28 倍，当前分位处于近五年高位，反映市场对其新产品线（如折叠屏手机、AI 穿戴设备）的爆发力寄予厚望。短期若业绩增速无法匹配估值（如 EPS 增速低于 10%），股价或面临回调压力；长期则需观察技术迭代能否持续打开增长空间。投资者需警惕"高 PE 陷阱"——若创新不及预期，高估值可能成为下跌风险点。

滚动市盈率的另一优势在于其实时性，能够迅速反映出季报相关的数据变动。

2. 与行业平均市盈率对比分析

在利用市盈率进行企业估值时，单纯观察某公司的市盈率高低并不能直接判断其投资价值。稳妥的做法是将目标公司的市盈率与同行业其他公司进行对照比较。若某公司市盈率显著高于行业平均水平，可能预示市场对其未来增长预期过高，存在估值偏高的风险；反之，低于行业平均市盈率则可能意味着市场对该公司未来前景不甚乐观，值得深入调查。然而，实际情况更为复杂。

例如，在考察白酒行业时，假设我们锁定了贵州茅台、五粮液、泸州老窖和洋河股份这四家市值靠前的白酒公司，对比它们的滚动市盈率：

我们发现，洋河股份和泸州老窖的估值相对较低，而贵州茅台的估值则显著偏高。鉴于茅台在白酒行业的领军地位，其估值较高实属正常。

若行业中排名靠前的公司（如贵州茅台和五粮液）与后两位公司（如泸州老窖和洋河股份）在市盈率上没有显著差异，且各自经营状况与业务表现也无明显瑕疵，则优先投资前者是明智之选。

而在当前情况下，若前两者估值偏高，我们则会考虑后两者。此时，还需进一步结合其他数据做出综合判断，如公司的财务数据、经营管理状况等，以确定最终的投资对象。

3. 特殊行业市盈率的参考价值有限

对于银行、保险和证券公司这三类公司而言，市盈率的参考价值显得尤为有限。

银行的情况尤为特殊。深入了解银行业的运作机制后，我们认识到银行的利润具有自我调节的性质，且这种调节相对容易实现。由于市盈率计算公式中涉及公司市值与净利润的比值，当利润未能真实反映公司实际经营状况时，市盈率作为评估银行股价值的指标便失去了其有效性。

保险和证券公司的情况也类似。这两类公司在某些特定情况下，由于一些特殊原因，其市盈率可能会失真，因此对于评估其股票价值的意义不大。

还有一种情况：当公司年度净利润为负，即公司处于亏损状态时，市盈率同样会呈现为负数，此时市盈率作为评估股票价值的指标也失去了其有效性。

同样，对于那些周期性较强、盈利能力时常在盈利与亏损边缘徘徊的公司，市盈率作为评估其股票价值的指标同样显得力有不逮，难以提供准确的参考意见。

我们怎样判断投资目标未来现金流是否充足

现金流，堪称企业的生命线，它决定了企业能否维持日常运营并实现持续增长。相较于利润，现金流在衡量企业财务健康状况时显得更为关键，因为它是公司支付能力、运营效率以及未来投资潜力的直接体现。一家企业的账面利润或许光彩夺目，但若现金流匮乏，那么在业务扩展或应对市场变化时，可能会遭遇严重的资金困扰。

相反，现金流健康的企业不仅能够从容应对短期的资金需求，更能在市场波动中展现出强大的韧性，甚至能够抓住机遇，实现业务的扩张和成长。通过深入分析现金流，投资者能够避免被短期的利润增长和表面的繁荣所迷惑，从而更加理性地评估企业的长期价值。

◆ 投资研习录 选择决定命运

朱立娇对一家知名家居零售品牌产生了浓厚的兴趣。这家公司凭借着低价高质的产品和独具设计感的风格，成功吸引了大量客户的青睐，市场占有率稳步攀升。在仔细研究了公司发布的财务报告后，朱立娇对公司的盈利能力有了更深入的了解，利润数据非常可观，这让她对公司未来的发展前景充满信心，于是她决定投入资金。然而，在做出最终决策之前，朱立娇意识到，应该先了解一下这家公司的现金流。

经过深入调查和分析，朱立娇发现，虽然这家公司的利润增长看似强劲，但其现金流表现却并不理想。为了扩大市场占有率，公司不断推出大规模折扣促销活动，这导致应收账款大幅增加。许多客户在享受折扣后选择延迟付款，严重影响了公司的实际现金回流。同时，公司为了保持竞争力，频繁进行库存更新，导致库存成本增加，占用了大量现金流。

此外，朱立娇还注意到，公司大量依赖短期贷款来维持运营。这意味着一旦贷款渠道收紧或市场出现波动，公司将面临现金流短缺的风险。考虑到这些因素，朱立娇决定暂时不投资这家公司，而是等待其现金流问题得到解决后再做决定。

几个月后，由于市场竞争加剧和资金链紧张，这家公司的股价大幅下跌，许多投资者遭受了损失。朱立娇庆幸自己提前分析了公司的现金流状况，从而避免了不必要的风险。最终，朱立娇选择了另一家现金流稳定且经营稳健的家居品牌。虽然这家公司在市场上的表现可能不如第一家公司那么引人注目，但其充裕的现金流和稳健的长期回报让她更加放心。

◆ 投资进化指南 如何客观判断投资目标现金流状况

有些上市公司虽然账面利润看似丰厚，但是往往缺乏充足的现金来应对日常的支出，甚至在债务到期时也无法偿还。换言之，这些企业虽然"利润"丰厚，但现金流却捉襟见肘，这无疑是一个危险且重要的信号。而要洞察这一信号，现金流量表的作用就显得尤为重要。

1. 关注经营活动产生的现金流

在纷繁的企业财务报表中，经营活动产生的现金流无疑是衡量企业运营能力的最直接指标。一家健康的企业应当具备通过核心业务活动持续创造现金流的能力，而非过度依赖外部融资。若一家企业的经营活动现金流不足甚至为负，可能意味着其日常运营正面临着严峻的资金压力。因此，投资者应明智地选择那些能够通过主营业务产生稳定现金流的公司，而非那些频繁依赖短期贷款或股权融资的企业。

2. 关注应收账款和库存管理

公司的现金流状况与其应收账款和库存管理密切相关。若一家企业的应收账款积压过多，意味着它可能向客户提供了过多的赊销，导致现金无法及时回流，从而增加了企业的资金压力。同样，过多的库存不仅占用了大量现金，而且可能因产品更新换代而迅速贬值。因此，投资者应重点关注企业的应收账款周转率和库存管理能力，确保这些因素不会成为拖累现金流的绊脚石。

3. 了解企业的债务结构和偿债能力

债务结构与偿债能力同样是影响企业现金流的重要因素。当企业依赖债务运营时，短期负债高且偿还期短的公司往往面临着较大的现金流压力。因此，投资者需要深入了解目标公司的债务结构，尤其是短期债务占比及偿债时间表。若企业负债过高且没有足够的现金流应对债务到期，投资风险将显著增加。

4. 查阅企业财务报表

企业财务报表作为反映企业财务状况、经营成果和现金流量的重要工具，对于评估企业价值具有不可替代的作用。其中，现金流量表更是直观地展示了企业在一定时期内现金流入和流出的具体情况。通过查阅现金流量表，我们可以深入了解企业经营活动、投资活动和筹资活动的现金流量状况，从而准确判断企业现有现金流的状态。

5. 分析企业银行账户流水

相较于财务报表，企业银行账户流水提供了更为直接且实时的现金流入流出信息。通过对银行账户流水的深入分析，我们可以详细追踪每一笔现金的来源、去向以及时间分布和金额大小，从而更准确地掌握企业现有现金流的实际状况。

第七章

副业变现：

投资业余时间，实现多元化高额收入

副业的底线：想赚钱必须懂得商业思维

为了早一点实现财富自由，不少追梦人选择跳出常规赛道，驾起副业的小船，驶向更广阔的海洋。他们渴望在增加收入的同时，拓宽生活的边界，探索自我价值的无限可能。但请记住，投资副业不是简单地将兴趣爱好升级为赚钱渠道，而是一次需要智慧导航的远航。

在商海中寻找良好的副业投资机遇，就像是沙海淘金，关键在于发现并把握住那些隐藏的宝藏——那些有潜力、有市场需求的产品或服务。这需要投资者具有敏锐的洞察力，去观察生活，感受变化。

智者总是以独特的视角和深邃的思考，引领着时代的步伐，成就非凡。无论是银幕上的英雄，还是现实中的商业领袖，他们都是懂得利用自身价值创造额外价值的高手。

◆ 投资研习录 从兴趣到副业的蜕变

李婉原本只是一个普通的上班族，在喧嚣的都市生活中，她的业余时间并没有被平凡所淹没，而是通过一双巧手和满腔热情，制作了一件件精美绝伦的手工艺品。起初，李婉只是在社交媒体上分享自己的创作过程和作品，她希望通过分享让更多的人了解并欣赏手工艺术的魅力。她的坚持和才华很快吸引了众多粉丝的关注和喜爱，每一个点赞、评论和分享，都是对她努力付出的认可。

随着粉丝数量的不断增长，李婉逐渐意识到这不仅仅是一个展示自我的平台，更是一个潜在的商业机会。她开始运用商业思维，对市场进行深入调研和分析。她发现，虽然手工艺品市场已经是一片"红海"，但高品质、有创意、符合现代审美需求的产品仍然有着巨大的市场空间。于是，李婉做出了一个勇敢的决定——将原本的爱好转化为副业，专门设计并销售手工艺品。

在副业经营的过程中，李婉全身心投入，她深知只有不断创新和突破，才能在激烈的市场竞争中脱颖而出。她广泛汲取各种艺术元素，将传统与现代、东方与西方巧妙地融合在一起，设计出独具特色的手工艺品。同时，她严格控制成本，优化生产流程，提高生产效率，确保产品的价格既合理又具有一定的利润。

在营销策略上，李婉充分利用社交媒体平台的传播力和影响力，进行精准营销。她与粉丝保持密切互动，倾听他们的声音和需求，不断优化产品和服务。她通过举办线上活动、抽奖赠产品等形式，增强与粉丝之间的黏性和信任感。她还积极与其他相关领域的企业家和艺术家合作，共同打造独特的品牌形象。

经过不懈努力和坚持，李婉的副业逐渐走上了正轨。她的手工艺品不仅在市场上受到了广大消费者的喜爱和认可，还为她带来了可观的收入。更重要的是，她在兴趣爱好中提升了自我价值感，并将兴趣爱好升级为赚钱渠道。

◆ 投资进化指南　副业投资的商业逻辑是什么

商业思维，就像是船上的罗盘，它引导着投资者穿越波涛汹涌的商海，找到通往成功与满足的彼岸。其精髓主要体现在四个方面。

1. 市场眼光要毒辣

就像渔民看天气出海，投资者要敏锐捕捉市场动态，预测潮流趋势，确保自己的副业产品或服务能在众多竞争者中脱颖而出，成为那片海域里最亮的星。

2. 价值创造要用心

把自己想象成艺术家，每一样产品你都要精心雕琢，不仅要独特，还要正中人们的心坎，让人一见倾心，爱不释手。

此处需要强调一点：财富的累积，归根结底，是价值的创造与传递。投资报酬，并非无源之水，它必须建立在为他人带来切实利益的基础上。如果一笔交易只让自己受益，别人却毫无所得，那叫"骗局"。真正的取财之道，是在给予中收获。

3. 成本控制要精明

在保证质量的前提下，投资者要学会精打细算，去掉不必要的浪费，优化每一个环节，让每一分钱都花在刀刃上，这样赚来的钱才会像泉水一样源源不断。

4. 营销宣传要巧妙

投资者要像编织一张大网一样，覆盖尽可能多的人群，同时又要精准吸引，让目标客户一眼就看到自己。通过巧妙的营销策略和多样的销售渠道，让自己的品牌故事传遍每一个角落，赢得大家的喜爱和信赖。

副业的基点：找到适合自己的赚钱模式

在刘易斯·卡罗尔笔下的奇幻世界《爱丽丝梦游仙境》中，有一段经典对话，爱丽丝向一只深邃的猫请教该如何选择路径，猫以其独特的智慧回应："那要看你想去哪里。"

爱丽丝说："去哪儿都无所谓。"

猫告诉她："那么走哪条路也就无所谓了。"

因为不知道自己要去哪里，所以走哪条路都无所谓，这恰似不少人的生活常态，因为缺乏明确目标，只得随波逐流，走一步算一步。面对未知的未来，他们不知所措，无法决定自己的方向。即使他人提供建议，但由于缺乏内在的动力和决心，他人的这些建议往往也无法成为他们实际的行动。

现如今，社交媒体、视频平台乃至朋友圈，充斥着通过各种副业成功的故事，它们展示着轻松赚钱、动动手指就能入账的诱人画面，让不少人跃跃欲试，认为只需录制几个视频、分享几张产品图，财源便能滚滚而来，还不费吹灰之力。

其实，现实往往比看上去复杂得多。做过副业的人都知道，这并非一条铺满玫瑰的道路。在骗局横行、库存积压难以消化、内容无人问津、缺乏关注度与话题热度的当下，这些挑战如影随形。

副业投资本质上是一种个体创业的行为，需要个人对自己的财务和成本负责。所以，千万不要被 "副" 字的轻松感给误导了。做副业如果抱着轻松赚钱的心态，同样会遭受很大损失。

◆ 投资研习录 冒失跟进的代价

郭琦对现状很不满，却又仿佛置身于迷雾之中，找不到前行的方向。每当网络世界里那些光鲜亮丽的成功故事跃入眼帘，他的心便不由自主地被吸引，渴望通过一试身手来改变命运。然而，每一次尝试，结果都以失败告终。

起初，他听闻某拼团购物平台正风靡一时，流量如潮，仿佛只要投入资金做推广，便能轻松坐拥销量。满怀憧憬的郭琦，毫不犹豫地踏入了这片看似充满机遇的战场，砸上了 1 万元的广告费。然而，现实却给他上了一堂残酷的课——店铺门庭冷落，订单为零，那些投入的资金如同泥牛入海，无回报可言。他这才恍然大悟，自己对市场的脉搏、运营的精髓竟是如此陌生。

不甘心的郭琦，又将目光投向了短视频带货的热潮。这一次，他学乖了，不再盲目行事，而是埋头苦读，学习小店运营的种种知识，甚至花钱购买了平台上的开店秘籍。信心倍增的他，再次踏上了征途，

2万元保证金成了他新梦想的启航资金。但命运似乎总爱与他开玩笑，一次无心之失导致图片上传错误，竟触动了平台的红线，店铺遭受了严厉的处罚，保证金被扣得所剩无几，小店梦就此破碎。

屡败屡战的郭琦，依旧没有放弃。他转战另一平台，决定开设自己的店铺，并大举囤货，以为有了充足的现货就能快速响应市场，吸引顾客。然而，现实再次给了他沉重一击。由于缺乏深入的市场调研，他精心挑选的货物竟无人问津，最终只能眼睁睁看着它们在家中慢慢失去价值，化为废品。这一次，他又损失了近 5 万元，心中的挫败感达到了顶点。

经历了这一系列的波折与教训，郭琦终于领悟到了一个深刻的道理：无论选择哪种副业，都需要事先做好充分的准备，并深入调研和学习。盲目跟风、冲动投入，只会让自己陷入无尽的泥潭之中。

◆ 投资进化指南 如何找到适合自己的赚钱方式

做副业投资，"用心"是赚取较高利润不可或缺的钥匙。事实上，许多人职业生涯的转折点，就悄然隐藏在副业的深耕细作之中。起初他们或许只是摸着石头过河一个设想，却不料在精心运营下，最终促成自己的华丽转身，将副业升级为主业，并借此实现了梦寐以求的财务自由。

现在，就让我们一同探寻三种精心挑选副业的策略，看看哪一种更适合你：

1. 稳定主业＋爱好变现

当你的主业稳固后，不妨探索将个人兴趣转变为副业收入的新路径。比如，如果你热爱吹奏萨克斯，可以录制教学视频在线销售；热爱绘画，不妨在社区里开设绘画兴趣班，让爱好成为你的第二职业。

2. 理性与感性的平衡

对于那些既能理性思考又富有感性情怀的人来说，逻辑与创意相结合的副业是理想选择。比如，电商运营的日常工作锻炼了你的逻辑分析能力，而业余时间撰写运营宣传文稿，则让你在文字中释放创意与情感，两者相得益彰。

3. 教育行业的多元发展路径

对于教师或培训师等执业者而言，你们已经具备了出色的沟通与表达能力。从授课起步，逐渐扩大影响力，进而提供专业培训服务，最终转型为付费咨询专家，这是一条清晰且充满潜力的发展道路。

副业的门道：需求是给受众创造的

网络上，很多所谓的"大咖""红人"或"知名人士"推荐的操作课程，其背后更多的是商业营销，他们可能自己都没有亲身实践或从这些副业中获得实质性收益，他们的真正目的，是通过销售培训课程盈利。如果我们不加分辨，盲目投入学习，最终换回来的，可能只是失望或时间、金钱的浪费。

要记住，我们只是普通人，不具备名人自带的流量光环，并不能轻易将关注度转化为经济效益。他们讲述的看似完美的副业攻略，或许看上去很有道理、很专业，但在你的实际操作中可能并不奏效。

作为普通人，在副业投资的初期，最重要的是深入研究和理解目标消费群体真实需求，也就是如何满足那些潜在顾客的需求。这是副业成功的关键。

◆ 投资研习录 从无中生有到大众需求

在某个村落，居民们普遍对杞果缺乏喜爱，如果你所拥有的资源正是杞果，那么要如何才能将其售给村民？

有一位睿智的商人，他每日穿梭于村中，高呼："谁家有杞果？我愿高价收购！"他的行为实则是巧妙地创造了市场需求，将原本不受欢迎的杞果转变为市场需求。这正是商业智慧中"无中生有"策略的精彩演绎。

商人持续以每日递增的价格收购杞果，从最初的 10 元，逐日攀升至 14 元。待到第六日，村民们开始受惯常思维影响，预估杞果价格将继续上涨，于是有人提前以 15 元的价格收购杞果，期待囤积一日，再以 16 元的价格出售给商人，以此套利。

然而，商人并未如期而至，他的助手却"悄悄"来到村中，向村民表示："老板因为家中有急事，回城了，我可以将老板库存的杞果以 12 元的价格偷偷卖给你们。等老板回来，你们再以 16 元的价格卖给他，这样你们可以大大地获利，不过，我要赚两元的差价。"

村民们闻言欣喜若狂，纷纷筹集资金购买杞果。然而，助手带着钱离去后，商人却音信全无。村民们苦等无果，最终大家因为杞果无法再储存而被迫以 3 元的价格卖给了邻近小镇的一位商人——而这位"小镇商人"，实际上正是那位最初的杞果商人。

此刻，他凭借更为低廉的价格掌握了新的谈判筹码。当杞果无法在村中继续变现的时候，商人开始赋予其独特的价值内涵。他向村里的年轻女孩们宣传："一个连杞果都舍不得为你买的人，何以言爱？"

于是，那些曾以荣誉、学历、奖学金及诸多成就自诩的人发现，这一切的光环竟都比不上一颗杧果的重量。即便他们胸怀壮志，梦想驰骋天涯，但在那些能轻松全款购得杧果的男子面前，似乎也黯然失色。

最终，这些精明的村民只能顺应世俗观念，对杧果所承载的价值及其神圣意义保持缄默，不敢再有丝毫质疑。

◆ 投资进化指南 如何把握甚至创造受众需求

如果你想打造一艘船，不是去指挥人们砍伐树木、分配任务、发号施令，而是要激发他们对大海的无限向往和探索欲望。

最好的产品，并非仅仅满足客户的现有需求，而是让其在看到产品时，能激发出前所未有的渴望和需求。

深入了解你的用户，将他们未曾意识到的需求挖掘出来，以此吸引他们，远胜于强行将一件你认为出色的商品塞给他们。

1. 激发潜在需求，重塑产品价值

要想让服务或产品在市场竞争中脱颖而出，关键在于激发受众心中那些尚未被察觉的需求，或者以一种全新的视角重新诠释商品价值。这意味着，我们需要通过细致的市场调研，捕捉目标客户群体的真实心声与未被充分满足的渴望，发现隐藏的"需求空白"。

接下来利用创意的讲述手法、强烈的情感纽带或前所未有的功能设计，让服务或产品不仅仅是商品，而是成为承载着特殊意义和

价值的象征。同时，借助现代传媒的力量，特别是社交媒体的广泛影响力，精心策划营销活动，让新的产品理念和价值观念如春风化雨般渗透人心。

2. 运用心理策略，引导消费决策

人们往往会在心理预期和固有思维的影响下做出选择。因此，我们可以通过灵活的定价策略、限时优惠等技巧，制造一种"现在不买就亏"的紧迫感，促使受众迅速行动，逐步引导受众按照我们设定的路径前进，直至达成购买决策。

3. 深化情感链接，增强品牌认同

最终，如果想让受众从心底接受并爱上我们的产品或服务，就必须建立深层次的情感联系和强烈的品牌认同感。我们可以为品牌构建一个引人入胜的故事线，让受众在了解产品的过程中，也感受到品牌所承载的理念和价值观。

同时，建立并维护一个与品牌紧密相关的社群，鼓励受众在这里分享体验、交流心得，从而增强他们的归属感和忠诚度。这样的社群不仅能够促进产品的口碑传播，还能为品牌带来持续的生命力和活力。

可复制的模式：会捡漏就可以轻松赚到一桶金

信息的不对称性，一直以来就是赚取丰厚利益的方式之一。

捡漏式副业的核心在于对市场动态的敏锐捕捉和对自身优势的精准定位。通过持续关注行业趋势、政策变化、技术革新等因素，个人可以及时发现并把握那些被市场忽视或低估的商机。这些商机可能来自新兴市场的需求、新技术的发展，或者是对已有服务或产品的改进等。对于拥有敏锐洞察力和判断力的投资者来说，这些机会如同隐藏在副业市场中的宝藏，等待着他们去挖掘、去利用。

需要强调的是，所谓捡漏，并不仅仅是寻找机会，更重要的是行动。投资者一旦发现合适的赚钱机会，就要充分利用自身的优势和资源，迅速做出决策并付诸实践。这可能需要跨领域的知识、技能和人际网络的整合，以及创新思维和风险承受能力。

◆ 投资研习录 一个财会的非常规逆袭

王旭鹏对市场动态有着敏锐洞察力，工作之余他注意到，近年来，随着健康生活理念的普及，家庭健身器材市场逐渐升温，但高端品牌价格高昂，普通消费者难以承受。同时，他也发现了一些小众品牌，产品质量上乘却因营销不足而被市场低估。王旭鹏敏感地意识到，这是一块还没有被特别关注的丰沃土壤，非常具有深耕的价值。

在决定投资家庭健身器材市场之前，王旭鹏进行了长达数周的细致调研。他利用自己的财务背景，设计了多套数据分析模型，不仅关注行业整体趋势、消费者行为模式，还深入剖析了各品牌的市场份额、产品定价策略及用户忠诚度。通过大数据分析工具和问卷调查，他收集到了海量数据，并亲自采访了数百位潜在消费者，以获取第一手的市场反馈。

在调研过程中，王旭鹏特别留意到那些小众品牌，它们虽然产品性能卓越，设计独特，但往往因为品牌知名度低、营销渠道有限而陷入"酒香也怕巷子深"的困境。他详细分析了这些品牌的供应链结构，发现通过整合资源和优化流程，可以显著降低成本，提高产品竞争力。

确定自己判断无误后，王旭鹏开始着手搭建自己的电商平台。他不仅仅满足于一个简单的商品展示和交易平台，而是将其打造为一个集教育、社区、购物于一体的综合性健身生态系统。平台上不仅有详尽的产品介绍和用户评价，还开设了健身知识专栏，邀请专业教练分享训练技巧和饮食建议，意在增强用户黏性。

为了提升用户体验，王旭鹏还特别注重平台的技术支持和客户服务。他引入了先进的 AI（人工智能）推荐系统，根据用户的浏览历史和购买记录智能推送个性化内容；同时，组建了一支专业的客服团队，24 小时在线解答用户疑问，处理售后问题。

在营销方面，王旭鹏更是别出心裁。他深知在社交媒体时代，内容为王。因此，他策划了一系列创意满满的营销活动，如"百日健身挑战赛""家庭健身达人秀"等，鼓励用户分享自己的健身故事和成果，并邀请知名健身博主参与互动，极大地提高了活动的曝光度和参与度。

此外，他还利用大数据分析，精准定位目标消费群体，制定个性化的营销策略。比如，针对年轻白领群体，他推出了"午间健身套餐"，倡导在忙碌的工作之余也能享受健身的乐趣；而对于家庭用户，则主打"亲子健身时光"，强调家庭成员共同参与的重要性。

在供应链管理上，王旭鹏也展现出了卓越的才能。他与多家小众品牌建立了长期稳定的合作关系，通过集中采购、优化库存管理和缩短供应链条等方式，有效降低了成本。同时，他还积极推动品牌方进行产品创新和升级，以满足市场需求的变化。通过不懈努力，他成功说服了几个品牌给予他独家代理权，并获得了更为优惠的进货价格。

经过一年多的辛勤耕耘，王旭鹏的电商平台在家庭健身领域迅速崛起，成为家庭健身器材市场一股不可忽视的力量。他的创新模式和卓越表现不仅为自己带来了可观的收入，更为那些原本默默无闻的小众品牌打开了市场的大门，实现了品牌价值和市场销量的双重飞跃。

◆ 投资进化指南 怎样成为一个成功的捡漏者

在过去的数十年间，众多企业和企业家的崛起，起初都是因为在市场中寻找并抓住了那些被忽视的低风险机遇。网络上的创业导师们常言人性洞察与顺应趋势的重要性，却鲜少提及盲目跟风可能带来的陷阱——成为他人成功路上的垫脚石。对于大多数普通人而言，在副业投资领域从零出发时，选择一条顺势而为、巧妙捡漏的路径，无疑是更为睿智的策略。

1. 精准定位：定位决定生死

首要之务是明确自己的定位，这直接关系到副业的生死存亡。投资者不仅要紧跟大行业的脉动，更要独具慧眼，深挖细分市场的潜在需求。比如，在电商行业里，专注于小众商品或特定消费群体的未满足需求，往往也能开辟出一片前景广阔的回报领域。

2. 快速迭代，小步前行

采用"最小可行性产品"（MVP）或微型的行动方案，快速试水市场。这种"小步快跑"的策略允许我们在保持灵活性的同时，根据用户的真实反馈及时调整方向，不断优化产品和服务，确保每一步都走得既稳又快。

3. 整合资源，高效利用

充分利用现有资源共享平台和社群的力量，比如在线协作工具、共享办公空间等，可以有效降低创业初期的成本负担，同时提升资源使用的效率和协作能力。

4. 借力打力，智慧成长

"借鸡生蛋"是一种充满智慧的成长策略。通过依附、追随、学习，再到模仿并最终实现超越，这是许多成功人士共有的轨迹。历史上，刘邦依附项梁，朱元璋投靠郭子兴，都是借力成就大业的典型例子。在副业投资这个领域，我们同样需要这样的智慧和策略，学会利用他人的资源和经验，为自己的成功铺路。

做大：副业的扩张需要合理的团队配比

随着副业版图的不断扩张，个人力量的局限性越发显现，单凭一己之力已难以为继。此刻，寻求那些在各自行业内深耕多年、技艺精湛的合作伙伴变得尤为关键。构建一个集多元智慧与专业技能于一体的团队，是加速项目发展、优化运营效能、强化市场竞争力的必由之路。

在构建团队的过程中，投资者应精心挑选那些拥有坚实专业基础与丰富实战经验的人才，打造一个既多元化又相互补充的精英阵容。此外，投资者作为团队核心，应努力增强团队内部的沟通机制与协作精神，确保每位成员都能像齿轮般紧密咬合，共同面对市场的风云变幻，携手攻克难关。

一支执行力卓越的团队，其意义远不止于将构想转化为实践那么简单。它能迅速响应市场脉搏，高效执行既定策略，确保项目稳步前行，直至触及百万收入乃至更远大的里程碑。

◆ 投资研习录 四人小队撑起的百万利润

张罡自 2017 年开始经营副业，起初是单打独斗。直至 2019 年春，他精心筹备的时间管理特训营犹如一颗璀璨的新星，在互联网上首次亮相，便迅速吸引了众多渴望提升自我的学习者的目光，其火爆程度远远超出了最初的设想。

意识到单凭一己之力难以承载日益增长的需求与期望，张罡决定组建一支精干而高效的团队。这个团队虽然仅有四人，却如同精密的齿轮，每一个都不可或缺，共同构建了一个结构完整、功能齐全的运作体系。

张罡作为团队的灵魂人物，以其卓越的产品设计理念和稳健的财务管理能力，为团队指明了方向，确保了项目的核心竞争力和可持续发展。

团队中，两位兼职助理如同左右手般默契配合。一位深耕运营领域，以敏锐的市场洞察力和创新的营销策略，让特训营的品牌影响力持续扩大，吸引了更多学员的加入；另一位则专注于客服工作，以温柔耐心的态度，解答学员的每一个疑问，树立了良好的学员体验与口碑。

而提及团队中的另一位成员——产品运营专家，他如同团队的智囊团，不仅精通产品的优化与推广，更擅长数据的分析与用户行为研究，能够精准捕捉市场动态，为产品迭代升级提供有力支持。他的加入，无疑为团队注入了更多的活力与创意。

这个小小的团队，却拥有着巨大的能量。他们保持着高度的默契与协作，无论是面对挑战还是抓住机遇，都能迅速响应，共同商讨对策。定期的会议不仅是项目进度汇报的平台，更是思想碰撞、智慧交流的舞台。在这里，每一个声音都被重视，每一个建议都可能成为推动项目前进的关键力量。

正是这样一支专业、高效、团结的队伍，在短短几年间，不仅帮助无数学习者实现了时间管理的飞跃，也创造了令人瞩目的业绩。他们的副业利润连续三年稳定在 300 万元以上，累计金额更是突破了千万元大关。

◆ 投资进化指南 如何辨别你需要的团队人才

要使财富翻滚式增长，核心策略在于慧眼识珠，通过深度挖掘并赋能，投资那些潜藏着卓越特质与巨大潜力的人才。如果有越来越多的人才帮你赚钱，其景象可想而知。

那么，在组建高能团队的过程中，我们应该如何精准地识别并挑选出这些拥有"伟大基因"的个体呢？

1. 审视价值观

价值观影响着人的选择与决策。它不仅是判断事物对错的内在标尺，更是驱动个人行动、决定成败的关键。一个合格的团队中流砥柱，别的且不说，其价值观首先就必须经得起考验。他应该深知"正道沧桑"，会以勤勉和合规为基，致力于服务团队，从而确保个人与团队的持续健康发展。这是我们选择人才的第一标准。

2. 辨识成就欲

卓越人才的心中，往往燃烧着不灭的火焰——那是一种对精进的不懈追求和对自我极限的不断挑战。他们不满足于现状，视平庸为敌人，每一天都在思考如何突破自我，如何站在行业的巅峰。这种强烈的成就欲望，促使他们不断设定高远目标，并以实际行动步步为营，向目标迈进。与这样的人同行，团队将充满无限活力与创造力。

3. 重视持续学习与适应能力

具备高度学习热情和自我调适能力的人才，能够在面对新挑战、新环境时迅速调整策略，通过不断学习新知识、新技能来武装自己，最终将这些变化转化为推动事业发展的强大动力。这样的团队成员，将是企业应对未来不确定性的宝贵财富。

4. 创新思维与实践能力不可或缺

创新能力是团队持续发展的核心驱动力。我们急需那些敢于挑战传统、勇于探索未知的人才，他们能够凭借卓越的创新思维，为团队带来崭新的增长机遇，推动团队不断前行。

5. 具备情商与人际关系处理能力

出色的情商对于个体而言，意味着能够更好地掌控自身情绪、洞察他人需求，进而构建起更为和谐的人际关系。这一点在提升团队凝聚力、推动项目合作中起着至关重要的作用。

互联网精确操作：百倍放大你的吸金力

做副业，要实现年度收益达到百万的目标，必须满足两大核心要素：一是确保单笔交易具备足够高的利润空间，二是有效吸引并维持庞大的客户群体。

在传统线下商业环境中，达成此目标通常依赖两种策略：要么是通过实现高额的单笔交易利润，例如每笔交易获利 10 万元，全年仅需成功完成 10 笔即可；要么是依赖于高频次的小额交易积累，比如经营面馆，每碗面赚取 10 元利润，年销售量达到 10 万碗亦可实现目标。然而，这些路径对于大多数人而言，准入门槛较高，实施难度相对较大。

相比之下，互联网领域为个体提供了更为广阔的机遇空间。在这个平台上，每个人都有潜力触及并实现年度收益百万的目标。问题是，投资者究竟应该怎样操作。

◆ 投资研习录 小手工业者的步步为营

庞勋以其独到的眼光和精妙的操作策略，将一份看似平凡的手工艺品销售副业，华丽蜕变为月利润 5 万有余的盈利引擎。他成功的核心，在于对"互联网精准运营"的深刻理解与创造性实践。

起初，庞勋通过深入的市场洞察，敏锐捕捉到了复古风潮下，年轻一代对个性化家居装饰的强烈需求。他精准锁定了这一消费群体，为他们量身定制了既复古又不失现代感的手工艺品。随后，庞勋巧妙地运用社交媒体这一广阔舞台，如小红书、微博等热门平台，发布了一系列精心策划的手工艺品制作 Vlog 与高清美图，搭配上温馨感人的故事叙述，深深触动了目标受众的心灵，让每一件作品都仿佛拥有了讲述自己故事的能力，极大地激发了用户的购买兴趣与情感共鸣。

为了进一步提升曝光度与转化率，庞勋深入研究 SEO 策略，优化店铺与产品页面，确保在搜索引擎的自然排名中占据优势地位。这样一来，每当潜在客户在网上寻找类似产品时，庞勋的店铺总能脱颖而出，成为首选。此外，他还借助大数据分析工具，深入挖掘用户的行为模式，实施个性化的广告推送，确保每一分广告投入都能精准触达潜在买家，实现营销效率的最大化。

更为值得一提的是，庞勋还精心构建了社群营销生态，通过微信群、QQ 群等社交渠道，与一群忠实粉丝建立了深厚的情感联系。他不仅在社群内分享创作心得、收集用户反馈，还定期举办互动活动，如手工艺品 DIY 教学、用户作品展示等，极大地增强了用户的参与感与归属感。这种基于社群的信任与口碑的传播，如同磁石一般，持续吸引着更多新客户加入，形成了良性循环。

正是这一系列精心策划与高效执行的互联网精准运营策略，让庞勋的手工艺品销售副业实现了跨越式的发展，不仅收入倍增，更在业界树立了良好的口碑与品牌形象。

◆ 投资进化指南 如何更精准地规划盈利路径

通过副业实现财富自由并不是一个遥不可及的梦想，关键在于我们是否有这样的野心、信心和耐心。同时，在迈向这一目标的过程中，我们还需要系统地学习项目选择、营销策略以及推广技巧等方面的知识。

1. 将年度目标拆解为一系列具体、可执行的小目标

选择一款高质量且盈利潜力大的产品，全身心投入其营销之中，是通过副业实现财富自由的坚实第一步。

通过对盈利目标的细致分解，我们的方向会变得更加清晰而具体，同时内在驱动力与行动力也会得到最大限度的激发。鉴于传统薪资往往难以支撑如此高水平的收入，我们必须勇于开拓，将焦点放在高效的产品销售上，使之成为推动我们迈向财富自由的新动力，且每一步都需走得稳健而有力。

2. 更精确地规划行动路径

以每日达成 10 笔交易为目标时，依据淘宝店铺 3% 至 5% 区间内的平均转化率，我们至少需精准地触及并吸引 200 位潜在消费者的

目光。

为了触及这每日 200 位的访客目标，我们应编织一张多元化的策略网。包括制作引人入胜的短视频并广泛传播、精心打磨 SEO 策略以提升搜索引擎中的可见度、积极活跃于贴吧等社群平台，以及有效利用自媒体矩阵实现流量的自然汇聚。值得一提的是，这些策略多数情况下无须额外的广告预算投入，性价比较高。但是，如果想追求更迅猛的增长，竞价广告才是更直接且高效的加速器。

如果我们能够每日稳定迎来这 200 位目标精准的潜在买家，无论是何类产品，成功都将如同探囊取物般轻松。日积月累，一年下来，我们将构建起一个由近 7 万名忠实客户组成的庞大社群，这是一笔宝贵的财富，足以支撑起百万级盈利的梦想。

3. 构建与客户的信任桥梁与持续连接

一开始，多数新客户的心中都会筑起一道防备的墙。因此，我们的任务是耐心而细致地通过持续的交流与专业知识的分享，一点一滴地瓦解客户的这份戒备，构建起信任的基石。通常而言，客户从初步了解到最终决策购买，这一过程往往需要 7 天至 15 天的时间来酝酿。当然，也不乏部分顾客需要更长时间的观察与引导，才能下定决心。

我们必须铭记于心，一个真正认同我们品牌、产品的目标客户，其带来的价值远非千名浏览型访客所能比拟。因此，在营销途中，深耕细作，培养每一个潜在客户的信任与黏性，才是通往财富自由的不二法门。

第八章

风险硬控：

投资无法步步准确，但要尽力避免出错

永远不要被价值宣传所迷惑

　　企业或项目方为了吸引投资，往往会通过"讲故事"的方式，营造出一个看似稳健的增长前景。他们描绘出一幅幅美好的蓝图，让人心生向往。然而，这些宣传是否符合实际，需要投资者冷静判断。我们不能被表面的华丽所迷惑，而要深入挖掘表象背后的真实。

　　投资者应该通过自己的研究和分析，真正了解项目的内在价值，包括对其市场环境、技术可行性、经济合理性等方面进行深入分析。只有这样，我们才能做出明智的投资决策。

◆ 投资研习录 **不要试图从融资方嘴里得到真相**

　　几年前，翟云接触到一个电动车创业项目。该项目的负责人是一位年轻的创业者，他声称自己研发了一款颠覆市场的电动车，不仅价格便宜，而且续航时间远远超过同类产品。在多次宣传活动中，负责人频繁提到"绿色环保""未来交通革命"等关键词，让投资者眼前一亮。再加上项目在初期获得了当地不少知名投资人的支持，这让翟云心动不已。

但是投资这种事，心动不是标准，心定才是答案。为了确保投资安全，翟云做了进一步调研，这时他才发现，这款电动车的实际技术并没有宣传中那么先进，续航时间和安全性问题在测试中屡次暴露。此外，翟云了解到，该公司在研发和生产上的投入远远超过收入，现金流极其紧张，公司过度依赖外部融资来维持运营。尽管市场上对这款电动车的宣传声势浩大，但翟云已经看到了项目背后的种种隐患。

在经过深入分析后，翟云选择放弃投资该项目。果然，几个月后，这家公司因资金链断裂陷入了财务危机。曾经被"未来交通革命"吸引的许多投资者最终遭受了惨重的损失，而翟云因为没有被宣传迷惑，避免了这次投资失误。

◆ 投资避险指南 如何明辨宣传中的水分

被价值宣传所迷惑的风险在于，投资者可能会在短期市场热度的驱动下，忽视潜在的风险，或过于乐观地估计未来的回报。无论是房地产、创业项目还是新兴技术的投资，价值宣传总是能激发人们的期待，然而，在这光芒之下，隐藏的陷阱却常常被忽视。投资，是一门需要冷静理智的学问。

1. 独立调查，深入分析实际数据

查阅官方财务报告：直接从公司官网、证券交易所网站或监管

机构处获取最新的财务报告（如年度报告、季度报告等），重点关注利润表、资产负债表和现金流量表，了解公司的盈利能力、资产质量和现金流状况。

行业研究与竞争分析：利用行业报告、咨询公司发布的研究报告以及社交媒体和专业论坛上的讨论，了解行业趋势、市场规模、增长率及主要竞争对手的优劣势。可以通过SWOT分析（优势、劣势、机会、威胁）来评估项目在行业中的位置。

独立财务顾问咨询：考虑聘请专业的财务顾问或投资分析师，他们可以提供更专业的市场分析和项目评估，帮助识别潜在的风险点和增长点。

2. 审视宣传资料，警惕欺诈性内容

核实数据来源：对于宣传资料中提到的数据、奖项或排名，务必查找原始来源进行验证，避免被虚假信息误导。

注意语言陷阱：警惕那些使用绝对化语言（如"保证收益""零风险"等）的宣传，这往往是不切实际的承诺。

进行法律咨询：对于复杂的合同和法律条款，最好咨询法律专家，确保自己完全理解并同意其中的条款，特别是关于风险承担、收益分配和退出机制的部分，一定要慎之又慎。

3. 深入了解产品情况

详尽的产品说明书：仔细阅读产品说明书，了解产品的投资策略、目标市场、管理团队背景等详细信息。

亲自体验或调研：如果可能，尝试亲自体验产品（如试用软件、参观工厂等），或进行市场调研，了解目标客户群体的需求和反馈。

询问过往投资者：尝试联系并询问过往的投资者或合作伙伴，了解他们的投资体验和对项目的看法。

4. 比较产品收益，理性看待高收益

横向对比：将目标投资产品与同类型的其他产品进行对比，分析收益率、风险水平、费用结构等关键指标。

风险评估：使用风险评估工具（如风险矩阵、蒙特卡罗模拟等）来量化投资项目的潜在风险，并与预期收益相权衡。

长期考虑：不要仅仅被短期的高收益所吸引，而是要从长期投资的角度考虑，评估项目是否具有持续盈利的能力和市场竞争力。

守住安全边际，给资产安全留下余地

安全边际，简而言之是指投资商品的"安全线"。这一概念由证券投资领域的泰斗、有"华尔街教父"之称的英国籍投资大佬本杰明·格雷厄姆首次提出，并在价值投资理论中占据了举足轻重的地位。安全边际的实质，是指在投资时留出缓冲区，它是为了应对未来不确定性而设定的一种保护措施。

通俗来说，安全边际就是在合理估值基础上以折扣价买入资产，这样即便市场出现波动，资产的安全性仍然有保障。对于投资者而言，安全边际不仅仅是为了获取更高的回报，更重要的是降低损失的风险。

安全边际越大，意味着资产在估值上越安全，投资者在未来市场波动中受损的可能性就越小。守住安全边际，就是在追求回报的同时，也为资产的安全性和稳定性打下坚实的基础。

那么，在什么情况下，投资产品才能够达到安全边际，才相对更安全呢？

◆ 投资研习录 | 客观直视安全边际

假设现在市场上的鸡蛋价格是每斤 6 元，这个价格是否合理呢？

为了深入探究这一问题，小明采取了一种科学且细致的分析方法，对鸡蛋的综合价值进行了全面剖析。他不仅仅着眼于鸡蛋本身的直接成本，如养鸡过程中的饲料消耗、养殖设施的维护费用以及必要的疫苗接种等成本，还深入考虑了更为广泛的经济因素，包括养殖过程中的税费负担、物流运输成本、市场销售环节的费用，甚至包括了一定的风险溢价，以确保养殖者能够获得合理的利润回报。经过这一系列详尽的计算与评估，小明得出了一个结论：鸡蛋的实际价值应为每斤 4 元。

基于这一分析，市场上 6 元的售价显然超出了其内在价值，反映出可能存在的市场供需不平衡、信息不对称或是其他非成本因素导致的价格上扬。对于消费者而言，这意味着在购买鸡蛋时可能需要支付额外的费用，而这些费用并未直接反映在产品本身的价值上。

在这个案例中，如果小明能够以 3.6 元每斤的价格购买鸡蛋，那么他将获得 10% 的安全边际，因为 3.6 元恰好是实际价值 4 元的 90%。这意味着，即使市场价格发生轻微波动，小明仍然能够在不亏损的情况下出售鸡蛋。

如果小明能够进一步压低购买成本，以 3.2 元每斤的价格成交，那么他的安全边际将扩大至 20%。这不仅为他提供了更大的价格波动风险承受能力，也为他在市场投资中赢得了更多的主动权。

同理，一只股票的股价从 2 元起步，稳步上涨，最终抵达 12 元的高峰，其内在价值为 4 元，那么 2 元则有了很大的安全边际。巴菲特以其敏锐的眼光，在股价仅为 2 元时果断出手，而一般投资者则稍显保守，在股价上涨至 4 元时才选择买入。技术分析家们则根据市场趋势，在 6 元时认为股价有望继续上涨而纷纷买入。最终的结果截然不同：巴菲特凭借其前瞻性的眼光，收获了 5 倍的丰厚利润；一般投资者虽然也取得了 200% 的盈利，但相较于巴菲特，收益还是逊色不少；而技术分析家们虽然也取得了 100% 的盈利，但在这个案例中，这已经算是相当不错的表现了。

然而，如果股价仅仅从 2 元上涨到 6 元，那么巴菲特的收益将仅为 2 倍，一般投资者的收益也将达到 50%，而技术分析家则有可能面临亏损的风险。

◆ 投资避险指南 如何守住安全边际

安全边际并不是一个固定的数值，而是相对于实际价值的折扣率。当投资产品的市场价格低于其内在价值时，我们就可以说它具备了安全边际。而安全边际的大小，则取决于折扣率的高低。这样一来，我们在进行投资决策时，就可以通过寻找那些市场价格低于内在价值的投资产品，来确保我们的投资更加安全、稳健。

1. 在投资项目低于其内在价值时投资

守住安全边际最关键的一点，就是确保在投资项目价格低于其资产内在价值时进行投资。无论是买房、投资小型企业还是进入股市，分析资产的内在价值并留出一定的折扣是非常有必要的。折扣越大，安全边际就越高，这样即便市场出现短期下跌，我们也可以从容应对。

2. 不要忽视对资产成长性的考量

安全边际并非万无一失的保障。事实上，真正的安全边际在于资产的成长性。举个例子来说，以一家生产寻呼机的企业为例，尽管其市盈率只有 5 倍，看似具有较高的安全边际，但在如今这个寻呼台已难觅踪影的时代，这样的安全边际显然已经失去了意义。因此，我们在追求安全边际的同时，更不能忽视对资产成长性的考量。

3. 评估风险，留出缓冲资金

在投资时，除了关注收益，还要设立"应急资金"，以应对市场波动或突发情况。这部分资金可以帮助我们渡过难关，避免因现金流短缺而导致投资失败。缓冲资金越充足，我们在应对风险时就越有底气。

4. 耐心等待

在投资的过程中，我们并不需要也不应该频繁地进行交易。很多时候，我们需要做的，就是持有足够的资金，耐心地等待机会的到来。由于市场参与者的非理性行为，我们总能在某个不确定的时刻，等到一个拥有完美安全边际的投资机会。

多元化策略：降低投资风险的永恒定律

很多投资者并没有充分认识到"不要将所有鸡蛋放入同一个篮子"的重要性，或者他们不愿意进行多元化投资。这种情况与"过度自信"的心理效应有一定关系。当投资者决定将资金投入某个项目中时，他们相信自己已经对该项目进行了详尽的研究，并深信自己能够从中获利。由于投资者过度依赖自己所掌握的信息，并对自身的投资能力充满信心，他们往往会忽视通过多元化投资来降低市场风险的重要性。

事实上，多元化投资策略能够在充满不确定性的市场环境中为投资者提供相对稳定的支撑。多元化投资的关键在于，选择相互补充的投资项目，这样，当某一项目表现不佳时，其他项目便能起到平衡作用，减少整体投资的波动性。

◆ 投资研习录 多一手准备，多一条退路

薛艳华运营着一家在当地颇具影响力的餐饮连锁企业。随着企业步入稳定发展的轨道，她开始着眼未来，寻求更广阔的投资领域，以期为企业的长远发展筑牢资产基石。

起初，薛艳华倾向于将大部分利润继续投入餐饮业，因为她深知这个行业的潜力和前景，并相信通过不断扩展门店，能够继续巩固和提升企业的市场地位。然而，在她的投资顾问的建议下，她开始考虑多元化的投资策略，以降低对单一行业的过度依赖，从而更好地分散风险。

于是，薛艳华开始重新规划她的投资组合。她不仅在餐饮业持续布局，更将一部分资金投入充满活力与前景的技术初创企业中，同时，她还明智地购买了部分商业地产，作为长期稳健的投资项目。此外，她还涉足债券和基金投资，以确保在不同市场环境下都能获得稳定的收益来源。

2019年以后，旅游业和餐饮业因市场饱和及新型竞争者的涌现，陷入了下滑的困境。许多曾经快速扩张的餐饮品牌纷纷关店，薛艳华的连锁企业也受到了波及。然而，得益于她精心布局的多元化投资策略，当餐饮业的盈利下滑时，她在技术初创企业中的股份却大幅增值，商业地产的租金收入也保持了相对稳定。这使得薛艳华成功避免了餐饮业下滑带来的资金压力，顺利度过了那段艰难的时期。

◆ 投资进化指南 多元化策略怎样布局才明智

多元化投资的艺术远不止于简单地将资金分配到不同产业的项目中，它要求投资者深入洞察资产配置策略的本质。许多投资者在缺乏深刻理解时，容易陷入"均摊式"投资的误区，即不加区分地在每种产业上分配少量资金。这种策略忽视了产业间收益率的相关性，可能导致投资组合偏离其最佳效能状态。真正的多元化投资，是通过深思熟虑的项目选择与配置，旨在构建一个既能抵御单一市场冲击，又能使风险与收益相平衡的投资组合。

1. 精选多元资产类别

通过精心配置不同资产类别，如股票、债券、房地产及初创企业投资，投资者可有效缓冲单一领域波动对整体投资组合的冲击。例如，股票市场虽波动剧烈，但债券市场相对稳定，二者兼顾，能在风险与收益间找到更佳平衡点。

2. 跨行业与地域布局

投资不应局限于特定行业或地域。单一行业即便短期表现抢眼，也难保长期稳定。例如，科技行业虽前景广阔，但技术迭代风险不容忽视；房地产市场则易受政策影响，波动不定。通过跨行业、跨地域的广泛布局，可有效分散经济和市场波动带来的风险，提升投资组合的整体稳健性。

3. 定期审视与调整

市场风云变幻，投资组合需与时俱进。投资者应定期审视投资组合，结合市场趋势、个人需求及风险承受能力，灵活调整。例如，当某一行业风险增大时，适时降低其投资比重，转而增配其他更稳健的资产；随着年龄增长，投资者可适当提高低风险资产，如债券的配置比例，以降低投资组合的波动性，确保财富稳健增长。

至少要将投资组合核心部分指数化

指数化投资是指通过精确复制并紧密跟踪特定证券价格指数的表现，或依据证券价格指数的编制规则构建多元化的投资组合，旨在实现与所跟踪指数紧密相关的某一特定市场的基准收益率。

在投资领域，指数化投资以其简洁高效的策略而备受青睐——通过投资于代表整个市场或特定行业的指数基金或交易所交易基金（ETF），投资者能够轻松实现分散投资，进而锁定稳定的回报。相较于花费大量时间和精力挑选个别股票或项目，指数化投资为投资者提供了一种省时省力的投资方式。

指数化投资的一大优势在于，它无须投资者成为行业专家，也无须其时刻紧盯个别资产的表现。相反，通过长期持有，投资者能够分享整体市场的增长，享受投资的稳健收益。这种投资方式不仅简化了投资决策，还为投资者提供了更广阔的安全边际，降低了投资风险。

◆ 投资研习录 长钱长投，用量化策略做加法

晏飞飞是一位对投资有所了解的白领员工。她曾涉足股票市场，但频繁地买卖让她倍感压力，时常担忧所持股票会下跌。经历了几次不成功的投资后，晏飞飞决定转变策略，寻求更为稳健的长期投资方式。

在咨询了一位理财顾问后，晏飞飞得知指数基金是一个不错的选择。她决定将大部分资金投入覆盖大盘的指数基金，如沪深 300、标普 500 等。这些指数基金代表了市场中最具影响力和稳定性的公司，虽然短期波动性较小，但长期来看能够稳定反映市场整体的走势。晏飞飞了解到，尽管这些指数基金的增长速度不如个别股票迅猛，但从长期来看，其年平均回报率相对可观且波动性较低。

于是，晏飞飞将大部分资金投入这些指数基金中，同时保留一小部分资金用于尝试一些创新型的科技企业投资，以保持对市场热点的关注。几年过去了，晏飞飞的投资组合表现稳健，尽管科技股市场经历了大幅波动，但她的核心指数基金部分为她提供了持续的增长和稳定的回报。

晏飞飞感到安心，因为即使市场波动剧烈，她的资产仍有相当一部分是在安全和稳定的指数化投资中。

◆ 投资进化指南 如何将投资组合的核心部分指数化

对于大多数投资者而言，个股或单一资产的波动性可能过高，

风险相对较大。而指数化投资通过广泛覆盖不同公司和资产，有效降低了单一失败对投资组合的影响。特别是对于核心部分的资产配置，选择指数化能够提供更高的安全性和抗波动性，使投资者在市场风云变幻时依然能够保持稳健的步伐。

1. 选择覆盖广泛的指数基金

指数化投资的基础在于精选那些广泛覆盖市场或行业的指数基金。对于普通投资者而言，全面反映整体市场状况的指数基金无疑是理想之选。这些基金包含了众多具有市场代表性的公司，风险得以充分分散，长期回报也相对稳定。通过持有这些指数基金，投资者能够轻松享受市场整体增长的红利，无须过多担忧个别公司的表现如何。

2. 定期投资，避免追涨杀跌

指数化投资的另一个显著优势在丁其简化了投资决策的过程。投资者可以采用定期投资策略，即每月或每季度按固定金额购买指数基金。采取这种方式无须过度关注市场的短期波动，因此能够有效地避免因市场情绪波动而做出的冲动决策。通过"定投法"，投资者能够在不同市场价格下平稳买入，从而降低投资成本，进一步降低投资风险。

3. 以指数化为核心，辅以多元化策略

虽然将核心部分指数化能够带来稳定的回报，但投资者仍可将一部分资金投向其他高风险但潜在回报率较高的投资项目。例如，

可将 80% 的资金投入指数基金以保障稳健收益，同时将剩余的 20%
资金用于投资创新型科技股、创业项目或其他具有成长潜力的领域。
这种组合方式既能确保投资者稳稳锁定市场的平均增长水平，又能
让其在机遇来临时有能力把握住更高收益的机会。

务必要知道什么是"成长陷阱"

发现并投资具有持久竞争力的超高速增长项目，是价值投资者梦寐以求的事情。是故在价值投资中，成长型项目的魅力往往难以抵挡，因为飞跃式增长会带来丰厚的回报。然而，正如美丽泡沫的背后可能隐藏着危险，这些诱人的条件里也可能潜藏着"成长陷阱"。

这里所说的"成长陷阱"，是指那些表面上光鲜亮丽、增长迅猛的项目，虽然它们在短期内耀眼夺目，但其盈利能力和长期可持续性却未能与增长速度相匹配。所以一旦项目的增长性失去支撑，投资者很可能会随之陷入风险之中，甚至蒙受重大损失。

◆ 投资研习录 一脚踏空，洗劫一空

陆鸣曾经是一位深谙市场脉动、目光如炬的投资人。2017 年，他敏锐地洞察到共享经济的蓬勃发展，瞄准了一家风头正劲的共享单车企业。这家企业仿佛一夜之间，以惊人的速度在大都市的街头

巷尾铺展开来，其醒目的色彩与便捷的服务迅速捕获了公众的心，注册用户数如潮水般涌来，每一天都在刷新着行业纪录，营造出一幅繁荣兴旺的盛景。

被这股不可阻挡的增长势头深深吸引，陆鸣毫不犹豫地下注，将自己多年的投资所得全部押宝在这家公司，投资入股成为该品牌在当地的唯一运营商。彼时，陆鸣心中满是对未来的无限憧憬与期待。他坚信，在这个共享经济浪潮中，这家企业定能乘风破浪，引领潮流，而他也将随着这股力量的推动，收获丰厚的投资回报。

初期，一切似乎都按照最乐观的剧本上演。企业的市值如同火箭般蹿升，用户数量持续攀升，月度报告上的数据耀眼夺目，增长率之高令人咋舌。媒体争相报道，社会各界赞誉有加，一时间，这家共享单车公司成为行业内外瞩目的焦点。

然而，好景不长，陆鸣很快便察觉到了繁华背后的暗流涌动。随着企业版图的快速扩张，运营成本如雪球般越滚越大，每一次的投放与维护都需耗费巨额资金。尽管用户基数庞大，但高昂的运营成本与低廉的骑行费用使得每位用户贡献的实际利润微乎其微，企业不得不依赖频繁地融资来维持其看似光鲜的运营。

更令陆鸣担忧的是，随着市场的逐渐成熟，竞争变得前所未有的激烈。各大共享单车品牌纷纷加码，争夺有限的市场份额，价格战愈演愈烈，最终演变成了一场没有硝烟的战争。城市街头，色彩斑斓的单车虽然依旧密集，但背后隐藏的是企业之间残酷的竞争与生存大战的挣扎。

最终，这场激烈的竞争以资金链的断裂为导火索，彻底引爆了行业的危机。那家曾让陆鸣寄予厚望的共享单车公司，因无法继续承受巨大的运营压力与负债，不得不宣布破产清算。这一消息如同晴天霹雳，让陆鸣的投资梦瞬间破碎，他不仅未能如愿以偿地获得丰厚回报，反而陷入了深深的财务困境。

◆ 投资进化指南 如何敏锐地识别成长陷阱

成长型投资的魅力在于，它提供了远高于成熟企业的增长潜力，但这类投资也伴随着更高的风险。投资者需要警惕那些过度依赖市场情绪、烧钱扩张但无法真正实现盈利的企业。这些企业可能看起来风光无限，但一旦市场环境变化，它们就可能迅速陷入困境。

1. 估值泡沫陷阱：过度憧憬的代价

在投资成长型企业的过程中，最常见的陷阱是估值泡沫。它源于大众对于市场前景的极度乐观预期，使得市场价格远超其实际价值。这种乐观情绪驱动下的高溢价投资，如同追逐海市蜃楼。记住：持续的超高市盈率（如超过30%）往往是短暂的，一时的辉煌不等同于永恒的成绩。因此，面对市盈率过高的企业，投资者应保持理性，警惕成为高估值泡沫破裂的牺牲品。

2. 无利增长幻象：烧钱的双刃剑

在互联网泡沫时期，部分企业奉行"先市场后盈利"的策略，通过补贴和促销快速扩张用户基础。但这一模式需谨慎评估行业特性：高用户黏性、高转换成本的行业或能成功转化流量为盈利；反之，低黏性、低成本的行业则可能陷入亏损循环。对此，投资者需明晰一点——不是谁的流量大，谁就一定能赚钱。

3. 扩张深渊：成长性破产的阴霾

即便盈利前景光明的企业，在迅速扩张时也易陷入资金黑洞。固定资产投资、人员扩充、广告推广等无一不消耗大量现金，若未能有效管理现金流，快速扩张反会自掘坟墓。特别是房地产行业与零售业，过度扩张可能导致资金链断裂，企业因此面临生死存亡的考验。对此，投资者应慎之又慎。

4. 盲目多元歧途：偏离核心的风险

部分成长型企业为追求高增长率，盲目进入新领域，导致主业模糊，战略方向迷失。这种"追风"式多元化不仅削弱了原有竞争优势，还可能因资源分散而导致错失发展机遇。明智的多元化应基于互补或相关性，如产业链上下游整合，以增强整体竞争力。这需要投资者对融资方慧眼识珠。

5. 技术赛跑败局：路径选择的生死较量

新兴产业常伴随技术路线的激烈竞争，错误的押注可能导致满盘皆输。即便专家也难以预知最终赢家，这使得成长股投资充满了不确定性。在这场技术竞赛中，一旦落后，前期投入将化为乌有。因此，技术选择与跟进需谨慎，需时刻关注行业动态与技术趋势。

6.收益率倒挂危机：成本吞噬利润的扩张

获取投资资金需承担一定成本，依据估值分析法则，投资的回报率必须超越融资成本，否则投资将难以回本。若投资回报率低于融资成本，小规模的投资会为企业带来亏损，而大规模扩张则可能导致企业走向崩溃。

企业需要警惕无门槛扩张的诱惑，确保每项投资都能实现成本效益的最大化。否则，规模越大，风险越高，直至将企业拖入无法挽回的深渊。以上成长陷阱，皆需投资者十分警惕！